교육, 다시 용기를 얻다

교육, 다시 용기를 얻다

발행 | 2026년 2월 20일

지은이 | 이용기

발행인 | 신중현

펴낸곳 | 도서출판 학이사
출판등록 | 제25100-2005-28호

대구광역시 달서구 문화회관11안길 22-1(장동)
전화_(053) 554-3431, 3432   팩시밀리_(053) 554-3433
홈페이지_http://www.학이사.kr
이메일_hes3431@naver.com

ISBN _ 979-11-5854-609-0 03330

교육, 다시 용기를 얻다

용기 있는 교육, 흔들리지 않는 미래
아이들의 내일에 용기를 더하다

이용기 지음

學而思│학이사

요즘 학교를 떠올리면 마음이 가볍지 않다. 우리 학생들의 하루는 너무 빠르고 빡빡하다. 학교와 학원 수업으로, 밤늦은 공부로 차갑게 흐른다. 학생들은 지쳐 있고 학교는 배움보다 버티는 공간이 되고 있다. 교사들도 행정과 민원에 시달리며 웃을 여유를 잃어 간다.

"모든 학생은 다르게 자라지만, 누구나 존중받아야 한다."

학생들은 교과서만으로 세상을 배우지 않는다. 사람을 만나고 일을 보고 지역의 이야기를 들으며 자란다. 학교가 사라지면 마을도 사라진다. 학생들의 미래를 찾기도 어려워진다. 학교를 지키는 일은 지역을 살리는 일, 학생들의 미래를 지키는 일이다.

학교는 배움의 공간을 넘어 지역 공동체의 중심이 되어야 한다. 지역의 문화공간이자 돌봄의 공간이 되어야 한다.

경북에는 농산어촌과 산업도시가 있는가 하면, 대학과 젊은 문화가 숨 쉬는 도시도 함께한다. 지역의 다양성은 격차 아닌 가능성의 다른 표현이다. 우리 교육에 필요한 것은 차별 아닌 지원, 통제 아닌 자치, 경쟁 아닌 협력이다.

"여러분은 이미 충분히 잘하고 있습니다."

학생들에게 전하고픈 말이다.

나는 학생이 웃으며 다니는 학교를 만드는 것이 경북교육의 핵심이라 믿는다. 학생이 행복해야 학교가 살아나고, 학교가 행복해야 경북이 살아나기 때문이다.

학교가 지역의 중심이 되고, 배움이 삶으로 이어지는 경북교육을 꿈꾼다.

여러분과 함께 교육의 '용기 있는 변화'를 이루고 싶다.

2026년 새봄에
이용기

차례

Chapter 1.
변화의 '용기'
경북교육의
출발점

아이 곁에 머무는 교육,
공동체로 숨 쉬는 학교를 위하여

조희연

전 서울특별시 교육감

한 권의 책은 한 사람의 생각이 아니라, 한 사람의 시간이 응축된 결과물입니다.

오늘 우리가 마주한 이 책에는 교단에서 보낸 날들, 아이들의 눈빛과 질문, 교사로서의 망설임과 결단, 그리고 교육을 통해 사회를 조금 더 나은 방향으로 밀어 올리고자 했던 오랜 사유의 시간이 고스란히 담겨 있습니다.

이용기 선생님은 화려하거나 안전한 자리에서가 아니라, 아이들 곁에서, 학교의 가장 일상적인 장면 속에서 교직을 시작했습니다. 교과서를 펴는 순간보다 아이의 표정을 먼저 살피고, 성적표보다 아이가 서 있는 삶의 자리를 먼저 고민해 온 교사. 그 축적된 경험이 오늘 이 책의 문장 하나하나를 지탱하고 있습니다.

대구·경북은 오랫동안 '보수적인 지역'이라는 이름으로 불려 왔습니다. 그러나 저는 이 지역을 다르게 기억합니다. 말수는 적지 만 약자를 외면하지 않는 마음, 변화에 신중하지만 공동체의 붕괴 앞에서는 쉽게 등을 돌리지 않는 품격, 그리고 아이들 문제 앞에서 는 결국 가장 진지해지는 어른들이 있는 곳.

이 책이 말하는 교육개혁은 바로 그 토양 위에서 피어날 수 있는 변화입니다. 급진적 구호가 아니라, 아이들이 덜 불안해지고, 학교 가 덜 경쟁적이며, 지역공동체가 다시 아이를 함께 키우는 방향으 로의 조용하지만 단단한 이동입니다.

이용기 선생님이 그려온 교육은 "앞서가는 소수"를 위한 교육이 아니라, "뒤처지지 않게 함께 가는 다수"를 위한 교육입니다. 경쟁 에서 이긴 아이만이 아니라, 넘어졌다가 다시 일어나는 아이, 말이 느리고 길이 다른 아이도 존엄하게 배울 수 있어야 한다는 믿음. 그 것은 평등을 입으로만 외치는 정치가 아니라, 교실에서 매일 실천 되어야 할 교육의 윤리입니다.

특히 이 책이 귀하게 다가오는 이유는 교육을 학교 울타리 안에 가두지 않기 때문입니다. 학교는 지역과 단절된 섬이 아니라, 마을 과 함께 숨 쉬는 공간이어야 한다는 인식, 아이 한 명의 성장은 교 사 한 사람의 노력만으로 이루어지지 않는다는 현실적 통찰이 곳 곳에 스며 있습니다. 아이를 키우는 일은 학교만의 일이 아니라, 지 역사회 전체의 책임이라는 오래된 진실을 이 책은 다시 우리 앞에

조용히 놓아줍니다.

　새로운 여정을 떠나는 이용기 선생님의 선택은 개인의 도전이 아니라, 교육이 다시 공공의 언어가 되어야 한다는 요청에 대한 응답이라고 생각합니다. 아이들이 '견뎌야 하는 학교'가 아니라 '살아갈 수 있는 학교'를 만들기 위해, 교육이 다시 희망의 통로가 되기 위해 누군가는 한 발 앞으로 나서야 했고, 그 책임을 이용기 선생님께서 감당하겠다고 이 책을 통해 선포하고 있다고 저는 생각합니다.

　이 책이 더 많은 교사와 학부모, 시민의 손에 닿기를 바랍니다. 그리고 이 문장들이 대구·경북의 교실과 마을, 아이들의 하루 속으로 천천히 스며들기를 기대합니다.

　아이들이 조금 더 행복해지고, 교육이 조금 더 평등해지며, 지역 공동체가 다시 아이들을 따뜻하게 보듬는 방향으로 나아간다면, 이 책은 이미 자기 몫을 다한 것입니다.

　책의 출간을 진심으로 축하드리며 이용기 선생님의 걸음이 우리 교육의 다음 페이지를 여는 조용하지만 힘 있는 이정표가 되기를 응원합니다. 감사합니다.

학생이 주체가 되는 교육,
학생이 웃으며 학교에 가는 교육

김상곤

전 경기도 교육감, 전 교육부총리

이용기 선생님은 '좋은 교육이란 학생이 주체가 되는 교육, 학생이 웃으며 학교에 가는 교육' 이라는 걸 거듭 강조합니다. 단순해 보이는 이 두 문장이 오늘의 학교 현실에서는 가장 어렵게 느껴집니다.

여전히 많은 교육현장에서 '잘하는 학생', '성적이 높은 학생' 을 중심으로 학교가 운영되고 있습니다. 시험 결과가 비교되고, 학생들은 숫자로 불리며, 누군가는 앞서가고 누군가는 조용히 뒤처집니다. 이러한 현실에 변화를 불러일으키고 싶다는 것이 이 책의 출발입니다.

학생들은 모두 같은 속도로 자라지 않습니다. 어떤 학생은 빠르게 달리고, 어떤 학생은 멈춰 서서 생각하며, 말로 표현하거나 행동으로 보여주기도 합니다. 이용기 선생님은 중요한 것은 속도가 아니라 방향이며, 모든 학생이 자기 속도로 성장하고 그 과정에서 존중받는 것, 그것이 교육의 본질이자 행복의 출발이라는 점을 강조합니다.

"모든 학생은 다르게 자라지만, 누구나 존중받아야 한다."

교육은 협력 속에서 만들어지고, 통제로 유지되는 질서는 오래가지 못합니다. 학생이 의견을 말할 수 있고, 교사는 자율적으로 수업을 설계하고, 학부모가 학교의 고민을 함께 나눌 때 학교는 비로소 살아 움직이는 공동체가 됩니다. 책은 첫 출근의 기억에서부터 우리 사회의 교육 현안에 이르기까지, 교실에서 살아온 평교사의 삶, 교육운동으로 나아가는 여정을 진솔하게 담아냅니다.

이용기 선생님은 교육이 직위 상승과 계층 세습의 도구로 전락했다는 비판 속에서도, 어떻게 교육을 바꾸어야 인간다운 삶이 가능할지 끊임없이 자문하며 희망을 놓지 않습니다. 노동이 존중받고 두레가 살아 있는 교육, 지역의 자긍심과 공동체성이 어우러진 교육을 향한 용기가 책 곳곳에 담겨 있습니다.

그가 꿈꾸는 교육은 재량수업 확대와 마을공동체 교육의 활성화, 그리고 학교가 지역의 문화이자 돌봄의 공간으로 기능하는 모습입니다. 방과 후에도 불이 켜져 있고, 학생과 어른이 함께 드나드는 학교는 자연스럽게 지역의 중심이 됩니다. 학교와 교사의 부담이 과중되지 않도록 학교는 공간을 제공하고 지역이 운영을 맡아 일자리 창출까지 함께 이루기를 희망합니다.

　행복한 교육은 학생만 웃는다고 완성되지 않는다고 말합니다. 교사가 존중받지 못하면 수업은 메마르고, 학부모의 신뢰가 없으면 학교는 불안해집니다. 교사의 교육권을 지키고, 학교 비정규직 노동자의 권리를 보장하며, 국가 책임의 돌봄 체계를 세우는 일은 결국 학생의 행복으로 이어진다는 것입니다.

　그래서 이용기 선생님이 말하는 좋은 교육은 함께 배우고 함께 성장하는 교육입니다. 누구도 소외되지 않고, 차이를 틀림이 아니라 다양성으로 받아들이는 공동체적 학교, 이용기 선생님이 그런 학교를 향해 꿋꿋이 나아가기를 기대합니다.

아이들이 행복한 학교, 선생님들이
자부심을 느끼는 교실을 꿈꾸며

박순우
전 전교조 경북지부장

무쇠의 강단과 난로의 온기를 품은 사람, 이용기를 말하다

함께 비바람을 맞으며 경북 교육의 현장을 누볐던 시간이 떠오릅니다. 제가 전교조 경북지부장과 사무처장으로 이용기 후보와 호흡을 맞추며 곁에서 지켜본 그는 겉으로 보기엔 강해 보이지만 속으로는 한없이 따스한 사람이었습니다.

이 책에는 제가 아는 이용기의 모습이 고스란히 담겨 있습니다.

모두가 현실과 타협하려 할 때, 그는 학생 인권과 교육의 공공성을 위해 가장 앞장서서 방패가 되어 주었습니다. 권력 앞에서는 당당하고, 원칙 앞에서는 엄격했던 그의 모습은 우리에게 늘 든든한 이정표였습니다.

　그의 강함은 분노가 아닌 사랑에서 나옵니다. 가장 낮은 곳에 있는 이들의 목소리를 듣기 위해 기꺼이 무릎을 굽히고, 동료의 아픔을 자기 일처럼 아파하며 챙기던 섬세함은 그를 단순히 '리더'를 넘어 '진정한 교육자'로 보이게 했습니다. 말에 그치지 않고 행동으로 결과를 만들어 내는 실천력은 그의 전매특허입니다. 산적한 경북 교육의 현안들을 하나하나 매듭지어 가던 그의 뒷모습에서, 저는 경북 교육의 새로운 미래를 보았습니다.

　이 책은 단순히 한 교육자의 일대기가 아닙니다. 경북 교육을 향한 치열한 고민의 기록이자, 더 나은 세상을 향한 용기 있는 고백입니다. 아이들이 행복한 학교, 선생님들이 자부심을 느끼는 교실을 꿈꾸는 모든 분께 이 책을 기쁜 마음으로 추천합니다.

바른 뜻이 실천되어
밝고 맑은 세상이 되었으면

김윤근

전 전교조 경북지부장, 전 전국야학협의회장
경주어린이박물관학교 강사

이 책 지은이는 어떤 사람인가?

사람은 제각각 자기 운명을 타고나는 것일까?

사람은 어디에서 누구를 만나 무슨 얘기를 듣는가에 따라 가야할 길이 결정된다고 생각되니 어디는 환경이요, 누구는 스승이요, 가야 할 길은 운명이라 생각한다.

그러므로 바르지 못한 환경에서 덕과 행이 없는 자는 스승이라 할 수 없지 않은가?

큰 부끄러움은 알고도 행하지 못함이요,

참기쁨은 내가 원하는 곳보다 그들이 원하는 곳에서 일하는 것이라 믿고 위기를 기회로 삼고, 선의의 경쟁을 좋아하고, 용기와 자신감을 심어 주고 영감을 주는 자이면 으뜸 교육자라 해도 부족함이 없지 않을까?

복은 검소함에 있고 덕은 겸손함에 있다고 주장하며 어디든 추대받으려 말고 추대하려 하고 나로 인해 그들이 기뻐한다면, 그 기쁨은 나의 기쁨이라 생각한다면 얼마나 보람되고 참세상이 될까?

바른 지식은 옳고 틀림을 판단하는 힘이요,

선생은 먼저 알고 뒤에 닥칠 일을 미리 알게 해 주는 것이니,

틀림은 아니 되어도 다름은 함께 논의하여야 하고, 현재나 미래에도 정의는 살아 있어야 하고 부정은 비판할 줄 알아야 한다.

역사와 사람의 자취는 과거 얘기이나 미래의 기준이라 믿습니다.

과거 속에는 미래로 가야 할 길이 있기 때문입니다.

이 책 속에는 이용기 님의 과거가 있고, 앞으로 운영해 나갈 미래가 있습니다.

바른 뜻이 실천되어 밝고 맑은 세상이 되었으면 합니다.

이용기 선생님의 행동이 우리 교육에
중요한 용기(그릇)로 쓰일 수 있기를 바라며

유병제

전 전국교수노동조합 위원장
전 대구대 생명공학과 교수

책에 실을 글을 보면서, 이용기 선생님과의 첫 만남이 떠올랐습니다.

지금으로부터 12년 전 지방선거가 끝나고, 여름 방학에 전국교육대장정의 영남권 장정 과정 중에, 전국교수노조 위원장으로서 전교조 경북지부장인 이용기 선생님을 구미 농성장에서 처음 만났습니다.

경남, 부산에서는 신임 교육감과 면담하면서 교육에 관한 이야기를 할 수가 있었는데 울산, 대구, 경북은 교육감 면담조차 이루어지지 않았습니다. 이에 경북의 교육을 바꾸어 보자고 제의하였습니다. 그 결과 경북혁신교육연구소 공감이 탄생하였고, 이 단체를 지금까지 함께 꾸려 왔습니다.

이용기 선생님과 10년 이상을 더불어 살아오면서, 선생님의 교육, 학생, 노동, 사회에 대한 진솔한 이야기를 나눌 기회가 많았습니다. 이 책 속에는 이용기 선생님의 진솔한 생활과 사상이 아주 잘 들어 있습니다.

학생들을 바라보는 따듯한 눈빛, 교육은 학교만으로 이루어지지 않는다는 생각, 현재 우리의 교육이 함께하는 인간 삶을 증진하는 것이 아니라 퇴색시키고 있다는 비판, 노동이 존중되지 않는 사회에 대한 고찰, 민주주의를 덜 펼치는 사회에 대한 제안, 폭압적 교육 행정의 해결 등등.

책 출간을 축하하며, 이용기 선생님의 행동이 우리 교육에 중요한 용기(그릇)로 쓰일 수 있기를 바라며, 이용기 선생님을 용기 있게 응원합니다.

현장 교사 이용기, 교육운동가 이용기!
이제는 교육행정가로서 이용기!

이찬교

전 (사)경북혁신교육연구소 '공감' 소장

이용기 선생님을 처음 만난 지가 벌써 25년이 지났다.

법외노조 20여 년을 지나 이제 갓 합법노조로 활동을 시작한 2001년, 나는 전교조 경북지부장으로, 이용기 선생님은 정책연구국장으로 만났다.

당시 그는 30대 청년 교사였다. 그는 우리 교육이 당면한 문제가 무엇이고, 앞으로 나아가야 할 방향이 무엇인지를 차분하고도 진지하게 설명해 내는 이론가였다. 그는 젊은 패기를 가지고, 깊이 있는 교육이론을 바탕으로 교육운동이 나아갈 방향을 제시하고, 학교 현장의 실천력까지 갖춘 인재였다. 나는 이런 인재가 어디 숨어 있다가 이렇게 나타났는가 싶었다. 그와의 만남은 그렇게 반갑고 기쁘기 그지없었다.

그로부터 25년여 때론 그와 함께 때론 그의 곁을 지켜보면서 선후배와 동지로서, 때론 삶의 친구로 같이 살아왔다. 흔들리지 않는 교육운동가로서 교육실천가로서의 모습을 보면서 나는 논어의 후생가외(後生可畏)란 말을 떠올린다. 후배지만 가히 두려워할 만한 인물인 것이다.

이제 그는 새로운 도전에 나섰다. 교사 이용기, 교육운동가 이용기에서 이제 교육행정가 이용기로 나선 것이다. 이 책은 교사로서, 교육운동가로서 학생의 성장과 교사의 전문성, 그리고 학교 공동체의 지속 가능성에 대한 그동안의 생각과 실천을 담아내고 이를 교육행정 속에 어떻게 실현해 낼 것인가 하는 고민과 책임을 차분히 풀어놓은 기록이다.

교육의 본질을 근본적으로 다시 생각하게 하는 이 책을 통해 우리 교육의 방향을 고민하는 모든 분들께 의미 있는 참고서가 될 것이라 생각하여 이 책을 추천하며, 저자 이용기 선생님의 건승을 빈다.

아이들에게 상처 주지 않는 교사,
아이들에게 상처 주지 않는 학교

배용한

민주평화통일자문회의 경북부의장
전 전교조 경북지부장

그때, 내가 '국민학교'에 다니던 시절 앞뒤좌우 줄을 맞추고, 왼발, 오른발 발 맞추어 행진하도록 하였습니다. '제식훈련'이라는 말을 훨씬 뒤에 들었습니다. 군에 가기 전까지는 학교 운동장에서, 군에서는 연병장에서 제식훈련을 했습니다. 나는 발을 맞추기가 무척 어려웠습니다. 정신을 바짝 차리지 않으면 발이 틀리기 일쑤였습니다.

세상 아이들이 다 기다린다는 운동회가 가장 싫었습니다. 키가 비슷한 아이 여덟 명이 달리기를 하면 일곱은 저기 앞에서 달리고 나 혼자 한참이나 떨어져 뛰고 있었습니다. 모든 어른들이 그런 나를 보고 웃고 있었습니다. 운동회를 마칠 때까지 노트를 한 권도 받지 못했습니다. 집에 오면 이웃 어른은 "오늘 몇 등 했어?"라고 물었습니다. 그 모든 것이 내 잘못이었습니다. 나는 성인이 된 후로도, 학생을 가르치는 교사가 되어서도 내가 날렵하지 못한 것을 나의 죄로 여겼습니다.

내가 게을러서, 노력하지 않아서, 나의 잘못으로 내가 친구들에게 뒤지는 것이 아니었음을 내 나이 중년을 지나서야 알았습니다. 나는 사람들과 같이 걷는 데 별 부담이 없습니다. 손발 움직임이 사람들보다 조금 늦으니, 그만큼 보폭이 넓게 되었나 봅니다. 유심히 보면 내 걸음걸이가 조금 어색할 수는 있습니다.

피아노 소리를 듣고 바로 오선지에 그 위치를 표할 수 있는 아이도 있고, 상당한 노력을 한 후에 그렇게 할 수 있는 아이도 있고, 열심히 노력해도 끝내 그게 안 되는 사람도 있습니다. 힘이 센 사람이 있고 약한 사람이 있습니다. 노력하여 힘을 쓰는 요령을 배울 수는 있지만 힘을 많이, 더 크게 할 수는 없어 보입니다. 힘이 약한 아이가 그 아이 탓이 아니듯, 나같이 손발 움직임이 조금 느린 아이도 그 아이 잘못이 아닙니다. 어른의 말 한마디가 아이에게는 평생의 상처가 될 수 있습니다.

학교에서 아이들에게 상처 주지 않는 교사가 되려는 이들이 있었습니다. 아이들에게 상처를 주지 않는 학교로 만들려는 교사들이 있었습니다. 이제 어른들이 뜻을 모으면 그런 학교를 만들 수 있지 않겠습니까?

Chapter 1

변화의 '용기', 경북교육의 출발점

학교가 문 닫으면 마을도 사라진다

학교, 지역 공동체의 중심

경북교육의 변화를 얘기할 때마다 나의 출발점은 언제나 같았다. 경북 교육감 선거 출마를 결심하게 된 이유도 마찬가지다. 거창한 정치적 계산이 아니라, 학생이 행복하지 않은 학교 현실을 더는 외면할 수 없다는 단순한 마음에 따른 선택이었다.

경북의 많은 학교는 여전히 입시 중심의 경쟁 교육에 놓여 있다. 학생들은 정해진 시간표를 따라 하루 학교생활을 한다. 수업이 끝나면 다시 학원으로 향한다.

늦은 밤까지 이어지는 공부는 '열심히'라는 심리적 안도를 주지만, 성취감보단 피로와 불안인 경우가 많다. 학생들은 지쳐 있고 학교는 배움보다 '버티는 공간'이 되고 있다.

교사들의 현실도 다르지 않다. 수업 준비와 학생 상담에 써야 할

에너지는 민원과 행정업무에 소진된다. 교무실에서 들리는 한숨은 낯선 풍경이 아니다. 학부모들도 자녀가 학교에서 잘 지내는지, 뒤처지는 건 아닌지, 위험한 일은 없는지 불안하다.

농산어촌으로 갈수록 문제는 더 깊어진다. 학생 수가 줄어드는 학교는 '폐교' 위협으로 불안해진다. 학교가 사라지면 젊은 가족이 줄어든다. 결국 마을의 미래를 찾기도 어려워진다. 나는 이 과정을 직접 지켜보며 '행복한 학교'라는 말이 구호로만 남아선 안 된다고 생각했다.

교육의 중심을 다시 학생에게 돌려줘야 한다. 교육은 경쟁이 아닌 학생의 발달을 위한 과정이어야 한다. 통제 아닌 자치로, 지시 아닌 참여로 나아가야 한다. 이 방향을 분명히 하지 않으면 학교는 성적을 만들어 내는 구조로 작동할 수밖에 없다는 생각에 이르렀다.

학교의 삶을 다시 세우는 세 가지 약속

이 생각은 세 가지 약속으로 구체화됐다. 건강한 성장학교, 청소년의회, 폐교 없는 경북교육. 누군가에겐 정책 목록처럼 들릴지 모르지만 단순한 정책이 아니다. 학교의 삶을 다시 세우기 위한 최소한의 출발점이다.

건강한 성장학교는 학생들의 하루를 회복하는 정책이다. 충분한 수면과 쉼은 선택이나 사치가 아닌 성장의 기본 조건이다. 청소년 의회는 학생들의 목소리를 학교와 교육정책의 중심에 세우는 일이다. 자기 삶의 문제를 스스로 논의하고 결정해 보는 경험 없이 민주주의를 말할 순 없다.

폐교 없는 경북교육 역시 단지 학교 건물을 지키겠다는 뜻이 아니다. 학교를 지키는 일은 지역을 살리는 일, 학생들의 미래를 지키는 일이라는 믿음의 표현이다. 학교는 배움의 공간을 넘어 지역 공동체의 중심이기 때문이다.

이 모든 변화의 출발점은 하나로 모인다. 바로 '용기'. 문제를 알고도 외면하지 않는 용기, 불편한 진실 앞에서 침묵하지 않는 용기, 학생들을 믿고 기다려 주는 용기.

학생이 웃는 학교, 교사가 존중받는 학교, 학부모가 신뢰할 수 있는 교육은 멀리 있는 이상이 아니다. 언젠가 도달해야 할 목표도 아니다. 오늘의 학교에서 반드시 시작해야 할 현실 과제다.

경북교육은 변화의 '용기'가 필요하다.

학교가 작다고 배움까지 작아질 이유는 없다

많은 사람이 묻는다. "학교를 폐교하지 않겠다는 것, 정말 가능합니까?" 조심스럽지만 분명하게 답하고 싶다. "가능하다. 다만 지금까지와는 다른 방식이 필요하다."

학생 수가 줄면 학교 문을 닫는 걸 당연한 수순처럼 받아들여 왔다. 숫자가 줄면 문을 닫고 효율을 이유로 통합하는 걸 어쩔 수 없는 선택이라 말해 왔다. 학교가 사라지면 마을은 어떻게 되는가.

학교는 학생들이 공부하는 공간만이 아니다. 세대의 기억이 쌓이고 마을의 시간이 흐른다. 운동회 날이면 온 동네가 모이고, 졸업식 날이면 마을 전체가 학생의 성장을 함께 축하한다. 학교가 문을 닫는다는 건 학생들만 떠나는 게 아니라 공동체의 중심이 사라진단 뜻이다.

나는 '학교를 지키는 방식'을 바꾸겠다고 약속한다. 학생이 줄었다고 문 닫는 게 아니라 학교 역할을 넓히는 것이다. 작은 학교를 배움과 돌봄, 평생학습과 문화가 함께 어우러지는 마을 센터형 학교로 전환하고자 한다. 학생들뿐만 아니라 주민 모두가 드나드는 살아 있는 공간으로 만드는 일이다.

또 읍·면 1학교 원칙을 지켜 어느 지역이든 최소한 한 곳의 학교는 남기고자 한다. 학생들이 멀리 가지 않아도 배우고 자랄 수 있는 권리를 지키기 위해서다.

교육지원청 단위 통학버스를 운영해 거리가 먼 학생들도 안전하게 학교에 다닐 수 있도록 한다. 원격 공동교육과정과 순회교사제를 통해 작은 학교에서도 다양한 수업이 가능하도록 하겠다. 학교가 작다고 해서 배움까지 작아질 이유는 없다.

숫자 문제가 아니다. 가치 문제다. 학생들이 사는 곳이 어디든 배움의 권리는 동등해야 한다. 효율이라는 이름으로 학생들의 삶을 줄 세울 순 없다. 교육의 책임은 학생들에게 가장 가까운 곳에서, 가장 오래 지속될 수 있는 선택을 하는 데 있다.

학교를 지키는 일은 지역을 지키는 일이고 학생들의 미래를 지키는 일이다. '학교를 폐교하지 않는 것' 은 불가능한 꿈이 아니다. 방식을 바꾸고 시선을 바꾸면 충분히 실현 가능한 용기 있는 약속이다.

학교가 살아 있으면 마을이 살아 있고, 마을이 살아 있으면 학생들의 미래도 이어진다. 나는 그 연결을 끊지 않기 위해 학교를 '폐교하지 않는다' 는 약속을 지키고자 한다.

학생이 웃으며 가는 학교

더 오래 깨어 있어야 잘 배운다?

"학생들의 하루는 왜 이렇게 힘들어야 합니까?"

많은 사람이 묻는다. 나는 이를 교육의 출발점으로 삼고 싶다. 교육은 무엇을 더 가르칠 것인가가 아니라 학생들이 어떤 하루를 살고 있는가에 대한 질문이다.

우리 학생들의 하루는 너무 빠르고 너무 빡빡하다. 이른 아침 서둘러 등교하고 수업이 끝나면 다시 다음 일정으로 밀려간다. 하루는 쉼 없이 흘러가고 학생들은 배우기보다 버티는 존재가 된다. 하루가 반복될수록 남는 건 성취감이 아니라 피로와 탈진이다.

나는 오랫동안 학교 현장에서 지켜보았다. 수업을 듣고는 있지만 눈빛이 흐려진 학생들, 집중력 아닌 체력으로 하루를 견디는 학생들, "피곤하다"란 말이 일상이 돼 버린 교실 풍경.

이렇게까지 피곤해야만 배울 수 있는 걸까. 단순히 등교 시간을 늦추잔 게 아니다. 학생들의 하루, 학교의 생활 리듬, 배움과 삶의 균형을 재점검하자는 제안이다.

이미 여러 나라와 지역에서 학교의 하루 일과를 학생들의 성장과 건강에 맞게 조정해 왔다. 확인된 사실은 분명하다. 학생들이 충분히 쉬고, 아침이 조금 더 안정됐을 때 집중력과 학습의 질은 오히려 좋아진다는 것. '더 오래 깨어 있어야 더 잘 배운다' 는 교육 상식이 아닌 오래된 오해에 가깝다.

국내에서도 비슷한 경험이 있었다. 학교생활의 속도를 조정했을 때 학생들은 "아침이 덜 힘들다"고, 교사들은 "교실 분위기가 달라졌다"고 했다. 수업 내용 이전에 학생들 상태가 달라졌다는 신호였다.

하루 리듬은 시간 하나만 바꾼다고 해결되지 않는다. 필요한 건 등교와 수업, 쉬는 시간과 놀이, 돌봄과 방과 후 활동까지 학교생활 전체를 재설계하는 일이다. 늦게까지 깨어 있도록 방치하는 게 아니라, 제대로 쉬고 제대로 배우며 학생 스스로 자기 생활을 조절할 수 있도록 돕자는 것이다.

아침이 조금 덜 급하고, 따뜻한 밥을 먹고, "오늘 학교 가는 게 괜찮다" 말할 수 있는 하루. 나는 그 평범한 장면을 다시 학교로 불러오고 싶다. 교육은 시계 문제가 아니다. 삶의 온도 문제다.

학생들의 하루가 너무 차갑게 흘러가면 그 교육은 오래 지속될 수 없다. 배움은 여유와 안정 위에서 자란다. 학생들이 웃으며 학교로 향할 수 있을 때, 배움과 삶이 조화를 이루는 하루를 살 수 있을 때, 비로소 학교는 다시 교육이 된다.

같은 속도로 자라지 않는 학생들

내가 생각하는 좋은 교육은 학생이 웃으며 학교에 가는 교육이다. 단순해 보이나 학교 현실에서 가장 어려운 목표처럼 느껴진다.

우리는 오랫동안 '잘하는 학생', '성적이 높은 학생'을 중심에 두고 학교를 운영해 왔다. 시험 결과는 빠르게 비교되고 학생들은 숫자로 불린다. 누군가는 앞서가고 누군가는 조용히 뒤처진다.

학생들은 모두 같은 속도로 자라지 않는다. 어떤 학생은 빠르게 달리고 어떤 학생은 멈춰 서서 생각한다. 어떤 학생은 말로 표현하고 어떤 학생은 행동으로 보여준다. 중요한 건 속도 아닌 방향이다. 모든 학생이 자기 속도로 성장하고 그 과정에서 존중받는 것. 교육의 본질이자 행복의 출발이다.

마음에 오래 붙들고 있는 문장이 있다. "모든 학생은 다르게 자라지만, 누구나 존중받아야 한다." 이 문장은 내가 생각하는 좋은 교육의 첫 번째 원칙이다.

행복한 교육은 경쟁 아닌 협력 속에서 만들어진다. 통제로 유지되는 질서는 오래가지 못한다. 학생들이 스스로 의견을 말할 수 있고, 교사는 자율적으로 수업을 설계하며, 학부모가 학교의 고민을 함께 나눌 수 있을 때 학교는 살아 움직이는 공동체가 된다.

이런 이유로 나는 학생회, 교직원회, 학부모회의 법제화를 얘기해 왔다. 회의가 늘어나 학교가 복잡해지게 하자는 게 아니다. 말할 수 있는 제도가 있을 때 갈등은 오히려 줄어든다. 학교를 민주적인 공동체로 세우는 일은 행복한 학교의 중요한 토대다.

또 하나 분명한 것은 좋은 교육이란 교실 안에만 머물지 않는다는 사실이다. 학교가 마을과 지역사회와 연결될 때 배움은 책 속 지식에 그치지 않고 삶의 경험으로 확장된다. 학생들은 교과서만으로 세상을 배우지 않는다. 사람을 만나고, 일을 보고, 지역의 이야기를 들으며 자란다.

학교의 재량수업을 확대하고 마을 공동체 교육을 활성화해 학교가 지역의 문화 공간이자 돌봄 공간으로 기능하기를 바란다.

방과 후에도 불이 켜져 있고 학생과 어른이 함께 드나드는 학교는 자연스럽게 지역의 중심이 된다. 이 과정에서 학교와 교사의 부담이 늘어나지 않도록 학교는 공간을 제공하고 지역사회는 운영 책임을 맡는다면 일자리 창출 효과도 함께 만들어 갈 수 있다.

행복한 교육은 학생만 웃는다고 완성되지 않는다. 교사가 존중받지 못하면 수업은 메말라 간다. 학부모가 신뢰하지 못하면 학교는 불안해진다.

교사의 교육권을 지키고, 학교 비정규직 노동자의 권리를 보장하며, 학부모가 안심할 수 있는 국가 책임 돌봄 체계를 세우는 일이 중요하다. 이 모든 노력은 학생 행복으로 이어진다.

내가 생각하는 좋은 교육은 함께 배우고 함께 성장하는 교육이다. 누구도 소외되지 않고 차이를 틀림이 아닌 다양성으로 받아들이며, 협력 속에서 배우는 공동체적 학교. 우리가 함께 만들어 가야 할 미래다.

행복한 교육은 결과가 아니다. 성적표의 한 줄로 증명되지도 않는다. 학생들이 배우는 동안 웃을 수 있다면, 학교에서 자기 자신을 잃지 않는다면, 그 자체로 교육은 이미 제 역할을 하고 있는 것이다. 그 학교를 향해 한 걸음씩 나아가는 길이 바로 교육이라 믿는다.

제도는 못 바꿔도 문화는 바꿀 수 있다

교육정책을 얘기하다 보면 이런 질문을 자주 받는다. "국가 제도인 입시에서 교육감이 할 수 있는 일이 무엇인가?" 절반만 맞는 질문이다. 수능과 대학 입시 제도가 중앙정부의 권한이란 점은 분명하다. 교육감 한 사람이 단번에 바꿀 수 있는 영역이 아니다.

그렇다고 교육청이 할 수 있는 일이 없는 건 아니다. 입시 제도를 단번에 바꾸긴 어렵지만, 학교 안의 경쟁문화를 바꾸는 일은 충분히 가능하다. 이 지점이 교육감이 책임지고 시작해야 할 변화의 자리라고 생각한다.

지금 학교에서 벌어지는 경쟁은 제도 이전에 문화 문제다. 시험

하나로 학생들을 줄 세우고, 비교와 순위를 당연하게 받아들이는 분위기 속에서 학생들은 배우기보다 버티는 법을 먼저 익힌다.

극심한 경쟁은 입시 제도가 바뀌지 않아서만이 아니라 학교 안에서 이미 경쟁이 일상화돼 있기 때문이다. 이 문화를 그대로 둔 채 입시 제도만을 문제 삼는 건 반쪽짜리 진단에 불과하다.

변화의 출발점은 학교 안이어야 한다. 평가 방식을 바꾸는 일이 필요하다. 절대평가와 서술형 평가를 확대하고, 점수로 학생을 줄 세우는 방식에서 벗어나 성장 과정을 바라보는 평가로 전환해야 한다.

시험 결과 한 줄로 학생을 판단하는 교육이 아니라, 배움의 과정과 노력의 궤적을 함께 기록하는 교육이 필요하다. 이는 제도 개편을 기다리지 않더라도 교육청 차원에서 시작할 수 있다.

학교 교육과정의 자율성도 넓혀야 한다. 교사가 학생의 흥미와 진로에 맞춰 수업을 설계할 수 있도록 학교 자율과정과 프로젝트형 수업을 확대할 필요가 있다. 학생들이 "이걸 왜 배워야 하나요?"라고 물을 때 교실 안에서 답을 찾을 수 있어야 한다. 이런 수업이 쌓일수록 공부는 입시를 위한 수단이 아닌 삶을 이해하는 도구로 자리 잡게 된다.

다른 중요한 변화는 학교 간 경쟁을 완화하는 구조를 만드는 일이다. 교육지원청 차원의 평가 연구·지원을 강화하고, 교사의 평가권을 확대해 학생들이 서로를 경쟁자가 아닌 동료로 인식하도록 돕는 장치가 마련돼야 한다. 동료와 협력하며 배우는 경험은 성적표보다 오래 남고 더 깊은 배움으로 이어진다.

국가 차원의 제도 개선도 필요하다. 수능의 자격고사화, 대학 서열 완화와 평준화, 교육 불평등 해소는 한 지역의 노력만으로 이루어질 수 없다. 전국의 교육감들과 연대해 지속적으로 요구하고 공동 실천으로 이어가야 한다. 한 지역의 목소리는 작을 수 있지만, 여러 지역이 함께 낸 목소리는 변화의 방향을 만들어 낼 수 있다.

입시 경쟁 중심 교육을 넘어서는 일은 하루아침에 완성되지 않는다. 학교 현장에서부터 경쟁을 줄이고 협력과 성장을 키워가는 일은 당장 시작할 수 있다. 교육감이 할 수 없는 일이 아니라 반드시 해야 하는 일이다.

입시는 중앙의 제도이지만 학생들의 하루를 바꾸는 교육은 교실에서 시작된다. 그 변화는 생각보다 먼 곳에 있지 않다. 학교 문화가 바뀔 때 입시를 대하는 학생들의 태도도 조금씩 달라지기 시작할 것이다.

다양함은 격차 아닌 가능성

경북은 한마디로 정의하기 어려운 곳이다. 넓은 들과 바다가 이어진 농산어촌이 있고 공장이 일상 풍경인 산업도시가 있다. 대학과 젊은 문화가 숨 쉬는 도시도 함께한다. 이질적인 공간들이 공존한다는 사실은 때론 어려움으로, 때론 부담으로 얘기된다.

다양함은 격차가 아닌 가능성이 돼야 한다. 문제는 지역의 차이 자체가 아닌 그 차이를 대하는 교육의 태도다. 나는 농산어촌 학교부터 지켜야 한다고 생각한다. 학교가 사라지면 마을이 사라진다는 말은 비유가 아니다.

학생들은 떠나고 젊은 가족은 줄어든다. 마을의 시간은 점점 느려지다 결국 멈춘다. 이 과정은 이미 여러 지역에서 현실이 되었다. 나는 약속한다. 희망의 끈을 가지고 학교를 폐교하지 않겠다고.

단순히 학교 간판을 남기겠단 뜻이 아니다. 작은 학교를 배움과 돌봄, 문화가 함께 어우러지는 마을의 중심 학교로 바꾸겠단 다짐이다. 학생들은 학교에서 배우고 어른들은 그 공간에서 다시 만난다. 마을은 학교를 중심으로 숨을 쉰다.

읍·면 1학교 정책과 교육지원청 단위 통학버스 운영을 통해 학생들이 어디에 살든 안전하게 배우고 자랄 수 있도록 해야 한다. 학교는 선택의 대상이 아니라 학생들에게 보장돼야 할 권리이기 때문이다.

산업단지 지역교육도 강조하고 싶다. 구미, 포항, 경주 같은 산업도시는 일자리는 있는데 사람이 없다는 말을 듣는다. 학교에서 배우는 것과 현장에서 요구하는 것의 간극이 크기 때문이다. 학생들은 배운 것이 어디에 쓰이는지 알지 못한 채 졸업하고, 기업은 다시 사람을 찾는다. 이 어긋남을 그대로 둘 순 없다.

학교 안에서 노동교육과 직업교육을 강화하고 지역 기업과 함께 배우는 미래기술학교를 만들고자 한다. AI, 로봇, 반도체, 그린 에

너지 같은 미래산업을 교실 안에서부터 만나는 교육이다. 배움이 지역 산업과 이어지고 직업교육을 받는 청소년의 미래가 존중받는 교육. 경북이 만들어 가야 할 직업교육의 방향이다.

대학이 모인 도시 역할도 중요하다. 안동과 경산 같은 대학 도시는 청년이 머물 수 있는 가능성을 품고 있다. 문제는 그 가능성이 지역 안에서 이어지지 못하고 있다는 점이다.

학교와 대학을 연결해 청소년이 대학생 멘토와 함께 배우고, 지역에서 일하며 정착할 수 있는 길을 넓혀야 한다. 지역인재 장학제와 공공 일자리 확대를 통해 배움은 수도권 지향이 아닌 지역 정착으로 이어질 수 있다.

마지막으로 도시의 교육은 경쟁 아닌 선택과 자율의 공간이 돼야 한다. 도시는 선택지가 많은 만큼 경쟁도 치열하다.

학생들이 건강한 하루를 회복하는 성장학교를 통해 삶의 균형을 회복하고, 입시 경쟁 중심의 교육을 줄여 학생들이 스스로 배우고 즐겁게 성장할 수 있는 환경으로 바꾸고 싶다. 도시 학생들도 놀 공간과 숨 쉴 여유가 필요하다. 그래야 배움도 오래간다.

다양함을 격차가 아닌 가능성으로 받아들이는 것, 경북교육이 추구할 길이다. 학교가 지역의 중심이 되고 배움이 일상이 되는 경북형 맞춤 교육이 필요하다.

농촌과 산업도시, 대학도시의 특성에 맞는 교육. 동시에 어디에 살든 학생들의 배움과 삶의 가치는 같아야 한다. 이것이 내가 그리는 경북교육의 미래다. '용기 있는 변화'를 함께 이루고 싶다.

교실을 가장 잘 아는 사람은 교사

교사도 배워야 교육이 살아난다

교사가 행복해야 학생도 진짜로 행복하게 배울 수 있다. 이상이 아니라 학교 현장에서 수없이 확인해 온 현실이다. 교사가 지치면 교실 공기도 무거워진다. 교사가 웃을 여유를 잃으면 학생들 눈빛도 함께 흐려진다.

경북의 많은 교사들이 수업보다 행정에, 교육보다 민원에 더 많은 시간을 쓰고 있다. 학생들과 마주 앉아 수업을 준비하고 이야기를 나눠야 할 시간에 서류와 회계, 각종 공문과 민원 처리에 시달린다. 교실보다 컴퓨터 앞에서 보내는 시간이 더 길어졌다는 얘기는 과장이 아니다.

교사는 교육의 주체가 아니라 행정의 종속자가 돼 버렸고, 학생들은 진짜 배움의 기회를 조금씩 잃어가고 있다. 이를 그대로 둔 채

교육의 질을 말하는 건 모래 위에 집을 짓는 일과 같다. 바꾸지 않으면 교육의 본질은 지켜질 수 없다.

교사가 다시 수업 중심에 설 수 있는 환경, 즉 수업 중심 학교 행정으로의 전환이 필요한 이유다. 학교에 행정 전담 인력을 확충하고 학교지원센터 기능을 강화해 교사들이 행정과 민원이 아닌 교육에 집중할 수 있도록 해야 한다. 교사가 해야 할 일과 하지 않아도 될 일을 분명히 나누는 것이 교육 변화의 출발이다.

학교 운영의 중요한 결정 과정에 현장 교사들의 의견이 실질적으로 반영되는 구조도 필요하다. 교실을 가장 잘 아는 사람은 교실에 서 있는 교사다. 그 목소리가 존중받지 못하는 학교는 건강할 수 없다. '평교사회'의 법제화는 학교를 더 민주적이고 안정적으로 운영하기 위한 토대가 될 수 있다.

교사의 교육권과 심리적 안전도 지켜져야 한다. 교사의 교육적 판단이 부당하게 흔들리지 않도록 민원 대응 시스템을 개선하고, 교사의 교육권과 학생 인권이 함께 보호되는 지원체계를 함께 마련해야 한다. 교사와 학생을 대립시키는 방식이 아니라 갈등을 조정하고 회복으로 이끄는 구조가 필요하다.

교사 성장은 교육의 질과 직결된다. 교사도 배워야 교육이 살아난다. 연구년 제도를 확대하고 연수 시간을 실질적으로 보장해 교사들이 스스로 성장할 수 있는 여건을 만들어야 한다. 교사가 배움을 멈추지 않을 때 교실도 함께 성장한다.

배움이 삶으로 이어지는 교육

학생들의 학습권 보장도 변화의 중요한 축이다. 건강한 하루를 회복하는 성장학교를 통해 학생과 교사, 학부모 모두가 삶의 균형을 회복해야 한다. 과도한 학습 부담과 촘촘한 일정은 학습 효율을 떨어뜨리고 배움에 대한 흥미를 빼앗는다.

건강한 성장학교는 등하교 시간과 하루 일과, 과제와 평가의 양을 재점검하는 데서 출발한다. 학생들이 쉼 속에서 다시 배울 힘을 회복할 수 있도록 돕는 것이다. 쉼은 학습의 반대말이 아니라 학습을 가능하게 하는 조건이다.

학습권은 모든 학생에게 동등하게 보장돼야 한다. 기초학력에 어려움을 겪는 학생, 장애를 가진 학생, 이주 배경을 지닌 학생, 정서적·심리적 지원이 필요한 학생, 누구도 배움에서 소외돼선 안된다. 학교 안에 학습·정서·생활을 통합적으로 지원하는 체계가 필요한 이유다.

개별 학생의 상황에 맞춘 맞춤형 지원, 전문 인력과의 협력, 학교밖 복지·돌봄 자원과의 연계는 학습권을 실질적으로 보장하는 기반이 된다. 중요한 건 학생을 지원 대상이 아닌 스스로 성장할 수 있는 주체로 존중하는 관점이다.

학습권은 제도만으로 완성되지 않는다. 학생의 질문이 존중받고, 실수가 배움의 일부로 받아들여지며, 의견을 말해도 불이익이 없는 학교 문화 속에서 살아난다. 학생 자치와 참여는 학습권의 연장이며 민주적인 학교 문화는 깊이 있는 배움을 가능하게 한다.

'배움이 삶으로 이어지는 교육'. 구호 아닌 현실이 되려면 수업이 살아 있어야 한다. 내가 그리는 경북교육은 단순한 제도 개혁을 넘어선다. 교사와 학생이 함께 행복하고 수업이 살아 있는 학교, 그 일상의 회복이다. 교사는 행정으로부터, 학생은 경쟁으로부터 좀 더 자유로워질 필요가 있다.

수업이 살아 있는 학교, 배움이 즐거운 교실. 평범하나 가장 어려운 목표를 향해 나아가는 것이 용기 있는 경북교육의 시작이라 믿는다.

교사 교육권과 학생 인권은 충돌한다?

요즘 학교 얘기를 하다 보면 마음이 무거워진다. 교육권과 학생 인권이 충돌하는 사건들이 잇따라 전해진다. 그때마다 사회는 둘 중 하나를 선택하라고 요구한다. '교사의 교육할 권리가 더 중요'하단 주장과 '학생의 인권이 우선'이란 주장이 날카롭게 맞선다.

나는 질문 자체가 문제라고 생각한다. 교육권과 학생 인권은 대립 대상이 아니라 함께 지켜져야 할 두 축이다. 교사가 존중받을 때 학생은 안전하게 배울 수 있고, 학생이 존중받을 때 교사는 교육의 보람을 느낀다. 한쪽이 무너지면 교실 전체가 흔들린다. 내가 균형과 회복의 원칙을 강조하는 이유다.

먼저 '교육권·학생인권 통합지원센터'를 설치하고자 한다. 지금은 문제가 발생하면 교사는 교사대로 학생은 학생대로 각자 대응해야 한다. 그 과정에서 갈등은 커지고 상처는 깊어진다.

통합지원센터는 법률·심리·행정 지원을 한 곳에서 제공해 갈등을 조기에 중재하고, 교사와 학생의 권리를 함께 보호할 수 있도록 한다. 누군가를 보호하기 위해 누군가를 배제하는 구조가 아니라 함께 회복하는 구조를 만드는 게 목표다.

둘째, '표준민원 처리절차'를 마련해야 한다. 교사가 교육적으로 내린 판단이 즉각적인 민원으로 이어지고 그 자체가 압박이 되는 게 현실이다.

명확한 절차와 기준을 통해 교사는 보호받고 학생과 학부모는 충분한 설명을 들을 수 있는 구조로 전환하고자 한다. 감정이 아닌 규정과 절차가 중심이 되는 학교야말로 교육의 신뢰를 회복하는 길이다.

셋째, 학교 규정 모델을 마련해 자율성은 보장하되 혼란은 줄이고자 한다. 각 학교가 지역과 특성에 맞게 규칙을 세울 수 있도록 하되, 교육권과 인권을 보호하는 기본 틀은 공통으로 갖추도록 하겠다.

규칙이 없어서 혼란스러운 학교도, 규칙이 너무 많아 숨 막히는 학교도 좋지 않다. 서로가 이해할 수 있는 기준이 있는 학교를 만들어야 한다.

넷째, 회복적 생활교육을 학교 문화로 정착시키고자 한다. 갈등이 생겼을 때 처벌부터 앞세우는 방식으론 갈등을 해결할 수 없다. 대화를 통해 책임을 배우고 관계를 회복하는 과정이 필요하다.

회복적 생활교육은 제도 도입을 넘어 학교 문화를 바꾸는 일이다. 학생들은 그 과정에서 자기 행동이 공동체에 어떤 영향을 미치는지 배우게 된다.

교사 교육권과 학생 인권은 선택 문제가 아니다. 함께 지켜야 할 새의 양 날개와 같다. 하나를 지키기 위해 다른 하나를 희생시키는 구조에서는 교육이 설 수 없다. 서로를 존중할 때 교실은 안전해지고 배움은 지속된다.

교사와 학생이 함께 존중받는 학교라는 평범하지만 가장 중요한 상식을 경북교육의 현실로 만들고 싶다. 갈등을 키우는 교육이 아닌 관계를 회복하는 교육의 방향으로 나아갈 때 학교는 다시 신뢰를 회복할 수 있다.

함께 듣고 함께 결정한다

듣는 교육이 학교를 바꾼다

교육의 변화는 위에서 내려오는 명령으로 만들어지지 않는다. 정책은 문서로 완성될 수 있으나 교육은 그렇지 않다. 교실과 학교, 학생들의 하루는 지시 아닌 합의와 신뢰 위에서 유지된다. 함께 만들어 가지 않는 교육은 오래가지 못한다.

지금의 교육정책은 여전히 행정 중심, 지시 중심에 머물러 있다. 정책은 위에서 내려오고 현장 목소리는 그 아래 어딘가에서 막힌다. 학생은 결정의 자리에서 빠지고 교사는 지쳐간다. 학부모와 지역사회는 참여하고 싶어도 마땅한 통로를 찾지 못한다. 교육 주체들이 말할 수 없는 구조에서 교육이 살아 있을 순 없다.

나는 '함께 듣고 함께 결정하는 교육자치'를 경북교육의 새로운 방향으로 세우고자 한다. 교육자치는 권한을 나누는 문제가 아니라 책임을 함께 지는 방식이다. 누구 한 사람이 옳아서가 아니라 서로의 얘기를 듣고 조정하는 과정 속에서 정책은 힘을 얻는다.

이를 위해 첫째, 교육 자치 기구를 제도화하고자 한다. 학생의회, 교직원의회, 학부모의회를 공식화해 교육감과 직접 소통하는 '경북교육자치협의체' 로 운영할 것이다.

협의체에서 제안된 의견은 단순한 건의로 남지 않고 교육청의 정책 심의과정에 곧바로 연결되도록 하겠다. 말한 사람이 기억되는 회의가 아니라 말한 내용이 실제로 움직이는 구조를 만들고 싶다.

또 온라인 시민 제안 플랫폼을 마련해 누구나 교육정책을 제안하고, 함께 토론하며, 우선순위를 정할 수 있도록 하겠다. 교육정책은 교육청 책상 위에서만 만들어져선 안 된다. 교실과 마을에서 시작돼야 한다.

둘째, 현장 중심의 참여 행정을 실현하겠다. 정기적으로 지역을 직접 찾아가 현장 간담회를 열고, 교사·학생·학부모·전문가가 함께 모여 얘기하는 '현장 제안 100인 포럼' 을 운영하고자 한다. 한번 듣고 끝나는 자리가 아니라 질문과 제안이 이어지는 지속적인 대화의 장을 만들어 갈 것이다.

학교 안에서도 변화가 필요하다. 학교마다 '학교 열린 회의' 를 마련해 교직원과 학생, 학부모가 함께 학교 운영과 미래를 논의할 수 있도록 하겠다. 학교는 이미 작은 사회다. 그 안에서 민주주의를 경험하지 못한다면 사회에서 민주주의를 기대하기는 어렵다.

셋째, 학교와 지역을 잇는 협력 시스템을 구축하겠다. 지자체와 함께 지역 교육협의회를 구성하고, 마을교육공동체를 활성화해 학교가 지역 도서관이 되고, 체육관이 되고, 문화 공간이 되도록 하겠다. 학교가 마을 속으로 들어가고 마을이 학교 안으로 들어오는 교육. 이것이 교육자치의 완성에 가까운 모습이라 생각한다.

사무실에 머무는 교육감이 아닌 현장에 서 있는 교육감이 되고 싶다. 학생과 교사, 학부모, 지역사회가 함께 말하고 그 목소리가 정책으로 이어지는 교육. 소통이 경북교육의 힘이 되는 시대를 열고 싶다. 교육은 혼자 바꾸는 일이 아니다. 함께 듣고 함께 결정할 때 교육은 비로소 앞으로 나아간다.

'권한이 남용될 우려 없습니까?'

교육자치란 말을 꺼내면 종종 걱정 어린 질문이 따라온다. "권한이 커지면 남용되는 것 아닙니까?" 의미 있는 질문이다. 그래서 더 분명히 말하고 싶다. 교육자치는 권한을 나누는 제도가 아니라 책임을 함께 지는 약속이어야 한다고.

내가 말하는 교육자치는 '무한 자치'가 아니다. 법과 절차 위에 서 있는 자치, 즉 규칙이 분명하고 과정이 투명한 교육자치다. 자치는 자유 아닌 신뢰 위에서만 작동한다는 사실을 학교 현장은 이미 잘 알고 있다.

먼저, 의회의 권한과 절차를 분명하게 법제화해야 한다. 학생·교직원·학부모 의회가 이름만 있는 자문기구로 머물지 않도록 해야 한다. 정해진 절차 안에서 공식적으로 안건을 제안하고, 그 논의 과정과 결과가 투명하게 공개되는 구조를 만들고 싶다.

누가 어떤 안건을 제안했고 어떤 토론을 거쳐 어떤 결론에 이르렀는지 누구나 확인할 수 있어야 한다. 정책 공개 플랫폼 운영이 필요하다. 밀실 아닌 공개된 공간에서 논의되는 교육정책이 신뢰의 출발점이다.

둘째, 시민 참여 기반의 평가와 피드백 제도를 도입해야 한다. 의회나 교육청이 추진하는 정책을 시민들이 온라인에서 직접 평가하고 의견을 남길 수 있는 시스템이 필요하다.

정책은 발표되는 순간 끝나는 게 아니라 시행되는 동안 계속 검증받아야 한다. 공개 피드백 구조가 자리 잡히면 권한 남용은 자연스럽게 견제되고 행정은 훨씬 겸손해질 것이다.

셋째, 정책 리콜 제도를 검토할 필요가 있다. 어떤 정책이 현장에서 예상치 못한 부작용을 낳거나 학생·교사·학부모 다수 반대에 부딪친다면 일정한 절차를 거쳐 수정하거나 철회할 수 있어야 한다.

정책은 완벽할 수 없기에 되돌릴 수 있어야 한다. 이 제도가 행정을 약하게 만드는 장치가 아니라 오히려 책임을 더 분명하게 만드는 장치라 생각한다.

교육자치는 '힘의 분산'이 아니라 '신뢰의 분권'이어야 한다. 권한은 나누되 책임은 더 분명히 지는 구조. 말은 자유롭게 하되 결정에는 반드시 설명이 따르는 구조. 참여는 넓히되 절차는 엄격하게 지키는 구조다. 교육은 실험의 대상이 될 순 있어도 독단의 대상이 돼선 안 된다.

정책은 밀실 아닌 공개된 플랫폼에서 검증받아야 하고, 교육감의 판단 역시 시민의 눈앞에 놓여야 한다. 이런 교육자치라면 충분히 가능하고 지금 꼭 필요하다고 믿는다.

교육자치는 권한을 더 갖기 위한 제도가 아니다. 함께 결정하고 함께 책임지기 위한 제도다. 이 평범하지만 단단한 원칙 위에서 투명하고 참여적인 경북형 교육자치를 만들어 가야 한다.

정치적 중립, 학생 편에 선다는 약속

교육 얘기를 하다 보면 종종 이런 우려를 듣는다. "교육이 정치에 휘둘리는 것 아니냐?" 하는 것이다. 단순한 의심이 아니다. 그만큼 교육이 오랫동안 정치적 갈등의 언어 속에 놓여 있었단 뜻이다.

이 질문 앞에서 분명히 해야 한다. 교육은 정쟁 도구가 돼선 안 된다. 교육은 이념을 실험하는 공간이 아니라 학생들의 하루와 삶을 책임지는 공공 영역이다. 학교는 정치적 주장이나 진영 논리가 경쟁하는 장소가 아니라 학생들이 안전하게 배우고 성장해야 할 공간이다.

교육행정에서 무엇보다 중요한 원칙은 정치적 중립성이다. 학생 교육에서 교육청 공무원과 교원은 어떤 정치세력이나 이념에도 치우치지 않아야 한다. 개인 태도나 성향 문제가 아닌 법과 신뢰 문제다.

정치적 중립은 선언으로 지켜지는 가치가 아니라, 일상의 행정과 판단 속에서 실질적으로 구현돼야 할 원칙이다. 인사와 행정, 예산 결정 과정에서도 이 원칙은 동일하게 적용돼야 한다.

어떤 정치적 고려도 개입될 여지가 없어야 한다. 판단 기준은 오직 전문성과 공정성 그리고 교육적 필요여야 한다.

교육행정이 특정 진영의 시각으로 해석되는 순간 학교는 불필요한 갈등의 한가운데에 놓이게 된다. 그 부담은 결국 교사와 학생에게 전가된다. 정치적 중립성은 정책 내용뿐 아니라 전달 방식에서도 중요하다.

교육정책의 홍보 방식도 달라져야 한다고 생각한다. 정책을 알리는 이유는 정치적 성과를 드러내기 위함이 아니다. 학부모와 학생이 '우리 학생의 하루가 어떻게 달라지는지' 이해하도록 돕기 위함이다. 정책은 거창한 구호보다 학생의 아침이 어떻게 달라졌는지, 교실에서 어떤 변화가 일어났는지로 설명돼야 한다.

그러므로 누가 추진했는가보다 그 정책으로 학생들의 삶에 어떤 변화가 생겼는가가 더 중요하다. 교육정책은 정치의 언어가 아닌 교육의 언어로 말해질 때 신뢰를 얻을 수 있다. 교육감은 정치인이기 이전에 교육 책임자다.

정파를 앞세우기보다 학생을 먼저 보아야 하고 이념을 내세우기보다 교실 현실을 직시해야 한다. 교육 현장이 정치적 논쟁의 무대가 아니라 학생들이 존중받고 안전하게 배우는 공간으로 남도록 지키는 일. 교육감의 가장 기본적인 책무다.

정치적 중립은 중간에 서겠단 선언이 아니다. 학생들의 편에 서겠단 약속이다. 특정 진영의 이해가 아닌 학생들의 성장과 배움이 판단 기준이 될 때 교육은 공공성을 회복한다. 경북교육은 어느 한쪽의 것이 아니다.

모든 도민의 신뢰 속에 놓이려면 이 원칙이 흔들려선 안 된다. 정치적 중립은 선택 문제를 넘어 교육이 신뢰를 지키기 위한 기본이다. 그 기본 위에서만 교육은 학생들의 삶을 온전히 돌볼 수 있다.

사람, AI 시대 교육의 핵심

디지털과 생태의 공존

AI와 디지털 기술은 이미 우리 일상과 산업을 빠르게 바꾸고 있다. 스마트폰 하나로 세상과 연결되고 인공지능은 일을 돕고 판단까지 대신한다.

동시에 기후 위기는 더 이상 교과서 속 미래가 아니라 우리가 살아가는 오늘의 현실이 되었다. 폭염과 폭우, 산불과 가뭄은 학생들의 삶과 학교의 일상을 직접 흔들고 있다.

학교의 시간은 이 변화의 속도를 따라가지 못하고 있다. 여전히 입시 중심의 낡은 제도 속에서 학생들은 미래를 준비하기보다 과거 방식에 맞춰 경쟁하고 있다. 경북교육은 분명한 전환의 길을 선택해야 한다. 나는 그 방향을 디지털과 생태의 공존이라 부르고 싶다.

AI와 디지털 전환은 먼 미래의 얘기가 아니다. 기술은 이미 교실 가까이 와 있으며, 교육은 이 변화에 응답해야 하는 상황에 놓여 있다. 기술의 확산 속도는 지역과 계층에 따라 다르다. 농산어촌과 도시 사이엔 여전히 디지털 환경과 학습 기회의 격차가 존재한다. 이 격차는 교육 불평등으로 이어질 위험을 안고 있다.

교육 혁신의 출발점은 격차를 줄이는 데 있다. 모든 교실에 스마트 기기와 AI 기반 학습 도구를 갖추는 일은 시설 확충 문제만이 아니다. 학생들이 출발선부터 불리해지지 않도록 하는 최소한의 조건이다. 어디에서 태어나고 살아가든 디지털 환경 앞에서는 동등한 학습 기회를 보장받아야 한다.

디지털 전환 교육의 목표는 기술 활용 능력에만 있지 않다. 더 중요한 건 학생들이 AI를 단순히 사용하는 존재가 아니라, 사회 속에서 기술을 이해하고 통제할 수 있는 시민으로 성장하는 일이다.

알고리즘의 작동 방식, 데이터의 영향력, 기술이 사회와 인간 삶에 미치는 결과를 함께 성찰하는 교육이 필요한 이유다. AI 윤리와 책임, 민주적 판단 능력은 미래 사회의 핵심 시민 역량이 될 것이다.

기술 중심의 변화 속에서도 교육의 핵심은 여전히 사람이다. 아무리 정교한 기술이라도 교사의 전문성과 교육적 판단을 대신할 순 없다. 오히려 AI는 교사 수업을 보조하고 확장하는 도구여야 한다.

이를 위해 교사들이 AI를 수업과 평가에 자연스럽게 활용할 수 있도록 체계적인 연수와 지원이 필요하다. 'AI교육연수센터' 같은 전문적 학습 체계는 교사의 불안을 줄이고 기술을 교육적으로 해석·활용할 수 있는 기반이 될 것이다.

지속 가능한 미래의 시작은 감수성

학생 개개인의 학습을 지원하는 방식도 달라져야 한다. 획일적인 속도와 비교 중심의 평가에서 벗어나 학생 한 명 한 명의 이해 수준과 성장 과정을 존중하는 학습 환경이 필요하다. AI 기반 학습 관리 시스템은 학생에게 맞춤형 피드백을 제공하고 교사가 학습 과정을 더 깊이 이해하도록 돕는 역할을 할 수 있다.

중요한 건 이 시스템이 경쟁을 강화하는 수단이 아니라 각자 속도로 배우고 성장할 수 있도록 도와야 한다는 점이다. AI와 디지털 전환에 대응하는 교육 혁신은 기술 문제를 넘어 교육 방향에 대한 질문으로 귀결된다.

기술이 인간을 앞서가도록 둘 것인가 아니면 인간 성장을 돕는 도구로 자리할 것인가. 선택 기준은 분명하다. 교육은 기술 속도를 따라가는 게 아니라 사람의 성장을 중심에 두고 변화해야 한다.

둘째, 기후 위기 시대에 걸맞은 생태·평화교육을 강화해야 한다. 기후 위기는 과학 문제를 넘어 삶의 문제다. 경북교육청 차원의 '생태·평화교육 기본조례'를 제정해 모든 학교가 생태교육을 일상적으로 운영할 수 있는 기반을 만들어야 한다.

교실에서 배우는 이론이 아니라, 학교 숲을 가꾸고 텃밭을 돌보며 태양광 설비를 직접 바라보는 작은 실천이 학생들의 감수성과 시민의식을 키운다고 믿는다. 지속 가능한 미래는 지식이 아니라 감수성에서 시작된다. 학생들이 자연을 아끼는 마음과 타인과 함께하는 태도를 몸으로 익히지 못한다면, 어떤 기술도 미래를 지켜주지 못할 것이다.

셋째, 미래 사회에 필요한 핵심 역량 중심의 교육체제로 전환해야 한다. 입시 경쟁 중심의 교육을 넘어 창의력과 협력, 비판적 사고를 키우는 배움이 필요하다.

배움이 삶과 이어지는 과정은 교사가 직접 설계하고 학생이 주도하는 프로젝트형 수업을 확대하고 마을과 기업, 대학이 함께하는 진로 탐색 프로그램을 통해 가능하다.

기술 시대일수록 교육은 더 인간다워야 한다. AI는 지식을 대신할 수 있지만 학생들의 상상력과 공감 능력, 생명에 대한 감수성, 윤리와 가치 판단은 대신할 수 없다. 그 영역은 오직 사람의 몫이며 교육이 끝까지 지켜야 할 본질이다.

경북의 모든 학생이 디지털 격차 없이 배우고 자연과 함께 살아가는 시민으로 자라기를 바란다. 경쟁보다 공존을, 속도보다 방향을 배우는 교육. 그 길을 학생들과 함께 차분히 걸어가려 한다.

디지털, 기회 격차 줄이는 다리

디지털은 기기가 아닌 학생들이 세상과 만나는 다리다. 농산어촌 학교를 찾다 보면 자주 듣는 말이 있다. "기기는 다 있는데 잘 쓰지를 못해요."

교실 한쪽에는 태블릿이 쌓여 있고 전자칠판도 설치돼 있다. 겉으로 보면 디지털 환경은 어느 정도 갖춰진 것처럼 보인다. 하지만 수업이 시작되면 기기들은 다시 조용해진다. 디지털 격차는 여전히 현재진행형이다.

이런 일이 반복되는 이유는 분명하다. 기기를 나눠주는 것만으론 격차가 줄어들지 않기 때문. 진짜 격차는 기기 유무가 아니라 접속 격차, 활용 격차 그리고 교사의 역량 격차에 있다.

이 세 가지가 겹쳐질 때 농산어촌 학생들은 보이지 않는 벽 앞에 서게 된다. 단순한 기기 보급을 넘어 활용 중심의 디지털 혁신으로 접근해야 하는 이유다.

이를 위해 첫째, 지역 간 디지털 공동 학습망을 구축해야 한다. 농산어촌 학교와 도시 학교를 온라인으로 연결해 서로의 수업을 함께 보고 토론하는 구조다.

작은 학교라 해서 선택 과목이나 특성화 수업을 포기할 이유는 없다. 온라인으로 연결되면 도시 학생과 농촌 학생이 같은 교실에서 배우게 된다. 공간의 한계를 넘어서는 배움이 가능해진다.

둘째, 온라인 공동수업을 정례화해야 한다. 기기만 놓인 교실이 아니라 기기가 살아 움직이는 수업을 만들어야 한다. AI 튜터와 원격 공동수업을 도입해 소규모 학교에서도 수준 높은 교육과정을 운영할 수 있도록 하겠다. 학생들은 더 이상 "우리 학교에는 선택지가 없다"라고 말하지 않아도 된다.

셋째, 교사와 학생의 디지털 역량을 함께 키워야 한다. 디지털 교육은 교사 혼자, 학생 혼자 할 수 있는 일이 아니다. 교사에겐 AI·디지털 수업 연수를 체계적으로 지원하고 학생에겐 코딩과 데이터 리터러시 교육을 확대해야 한다.

목표는 분명하다. '기기를 쓰는 교육'을 넘어 '기술로 배우는 교육'으로 전환하기 위함이다. 중요한 건 기기 아닌 배움의 질이다.

농촌 학생들도 도시 학생들처럼 세계와 연결되고 꿈을 키울 수 있어야 한다. 디지털은 경쟁을 부추기는 도구가 아니라 기회 격차를 줄이는 다리가 돼야 한다. 나는 디지털을 단순한 기술로 보지 않는다.

농촌 학생들이 세상과 연결되는 다리, 작은 학교가 더 넓은 세계로 나아가는 길이다. 그 다리가 놓일 때 지역의 한계는 더 이상 학생들의 한계가 되지 않을 것이다.

AI는 교사를 확장한다

최근 교육 현장에서 AI 활용에 대한 논의가 늘어나면서 반복 등장하는 질문이 있다. "AI 수업이 확대되면 결국 교사가 대체되는 것 아니냐"는 우려다.

여기엔 기술 발전에 대한 막연한 두려움뿐 아니라 교육은 본질적으로 사람 손길을 필요로 한다는 직관이 담겨 있다. 충분히 이해할 만한 걱정이나, 분명히 선을 긋고 싶다.

AI는 교사를 대체하는 존재가 아니라 교사 역할을 확장하는 도구다. 교육의 중심은 언제나 사람이며 그 중심엔 교사가 있다. 아무리 기술이 발전하더라도 교육의 핵심은 관계와 이해 그리고 판단에 있기 때문이다.

교실에서 학생들의 표정을 읽고 말없이 흐트러진 마음을 알아차리는 일은 기계가 할 수 없다. 고개를 숙인 채 말이 없어진 학생, 창밖을 오래 바라보는 학생의 변화는 수치나 데이터로 포착되지 않는다. 신호를 감지하고 적절한 순간에 말을 건네며 관계를 회복하는 일은 오랜 시간 학생들과 함께해 온 교사만이 할 수 있다.

AI가 잘하는 일은 분명 따로 있다. 학생 개개인의 학습 데이터를 분석해 어느 지점에서 이해가 멈췄는지, 어떤 문제 유형에서 반복적으로 어려움을 겪는지 보여 주는 것. 이 정보는 수업과 학습 지원에 큰 도움이 된다.

하지만 '학생이 왜 이 지점에서 멈췄는지', '지금 어떤 설명이나 말이 필요한지' 판단하는 일은 여전히 교사 몫이다. 데이터는 현상을 설명할 순 있어도 학생 마음까지 이해하진 못한다.

내가 생각하는 미래 교실은 'AI 교실'이 아니다. 'AI와 교사가 함께하는 교실'이다. AI는 학생의 학습 진도와 이해도를 분석하고 즉각적인 피드백을 제공한다. 교사는 그 정보를 바탕으로 더 깊이 있는 설명과 상담, 관계 중심의 지도를 수행한다.

반복적인 채점과 단순한 관리 업무에서 벗어난 교사는 학생 한 명 한 명을 더 세심하게 살필 수 있다. 이때 AI는 교실의 주인이 아니라 교사의 교육 활동에 필요한 도구로 기능한다. 이것이 가능하려면 교사에 대한 지원이 필수적이다.

교사들이 AI를 두려움의 대상이 아니라 교육 도구로 받아들일 수 있도록 체계적인 연수와 지원이 필요하다. 'AI 교육연수센터'는 교육 관점에서 기술을 어떻게 해석하고 활용할 것인가를 함께 고민하는 공간이어야 한다. 기계가 교실을 이끄는 게 아니라 교사가 기술을 이끄는 교실을 만드는 것이 목표다.

AI는 교사의 도구일 뿐 교사 자신을 대신할 순 없다. 기계는 데이터를 분석할 수 있지만 학생의 마음을 어루만질 순 없다. 오히려 기술이 발전할수록 교사 역할은 더 중요해진다.

결국 교육의 핵심은 기술이 아니라 사람이다. AI와 교사가 함께 만드는 수업 속에서 학생들은 더 잘 배우고, 더 안전하게 성장할 수 있다. 이것이 내가 바라보는 미래 교육의 모습이다. 기술 시대에도 교육이 끝까지 지켜야 할 가장 중요한 원칙이다.

누가 더 빠르게? 사람을 사람답게!

"AI 시대의 교육은 무엇을 가르쳐야 하는가?"란 질문을 자주 듣는다. 기술이 빠르게 변화하는 만큼 교육도 달라져야 한다는 데엔 많은 이들이 공감한다. 이 질문을 조금 다르게 바꾸고 싶다. "AI 시대일수록 우리는 무엇을 더 지켜야 하는가?"로.

기계가 할 수 있는 일과 할 수 없는 일이 점점 분명해질수록 사람에게 남겨진 역할도 또렷해진다. 공감하고 협력하며 책임지는 능력, 타인 감정을 읽고 갈등을 대화로 풀어가는 힘, 함께 살아가는 방식을 배우는 일은 AI가 대신할 수 없는 인간의 영역이다. 그렇기에 기술이 고도화될수록 교육은 오히려 더 인간다워져야 한다.

나는 인간성 교육을 하나의 과목으로 분리하는 방식에 동의하지 않는다. 인성교육 시간이 따로 있고 나머지 시간엔 성적과 기술만 가르치는 구조론 학생들의 삶을 바꾸기 어렵다. 인간성은 특정 교과에서 주입되는 지식이 아니라, 교실 안 모든 수업과 학교의 모든 일상 속에서 길러지는 태도와 관계 문제이기 때문이다.

예를 들어 AI나 로봇을 활용한 프로젝트 수업을 하더라도 핵심은 기술 자체에 있지 않다. 그 기술을 사용해 누구와 어떻게 협력했는지, 의견이 충돌했을 때 어떤 방식으로 조정했는지, 결과에 대해 어떤 책임을 졌는지가 더 중요하다. 기술은 도구일 뿐 배움의 중심은 언제나 사람이어야 한다.

이러한 관점에서 배움 속에서 인간성을 기르는 수업 혁신이 필요하다고 본다. AI·디지털 교육과 생태·평화 교육을 결합해 학생들이 함께 문제를 해결하고 토론하며 책임을 배우는 '공존의 교육'이 그 예다. 혼자 앞서가는 경쟁 수업이 아니라 함께 고민하고 성장하는 수업을 통해 학생들은 공동체 속에서 살아가는 힘을 익힌다.

생활교육의 방향도 달라져야 한다. 실수했을 때 곧바로 처벌부터 받는 학교에서는 책임이 자라기 어렵다. 자기 행동을 돌아보고 상대 입장을 이해하며 관계를 회복하는 과정이 필요하다. 회복적 생활교육과 공감 리더십 교육은 규율을 약화하는 방식이 아니라 책임을 더 깊게 만드는 교육이다. 공동체를 지탱하는 중요한 기반이기도 하다.

인간적인 교육은 교사로부터 시작된다. 교사가 행정과 민원에 과도하게 묶여 여유를 잃으면 학생들의 마음을 돌볼 수 없다. 교사가 수업과 관계에 집중할 수 있는 환경을 만드는 일은 인간성 교육의 근본 전제다. 학생들은 교사의 말보다 태도에서 더 많은 것을 배우기 때문이다.

AI 시대 교육은 기술 경쟁의 문제가 아니다. 누가 더 빠르게 코딩을 배우느냐가 아니라 사람을 사람답게 키울 수 있느냐의 문제다. 기계는 지식을 전달할 순 있지만 마음을 가르칠 순 없다.

나는 경북교육이 기술 속도에 끌려가는 교육이 아니라 인간의 방향을 지켜주는 교육이 되길 바란다. 기술보다 공감, 경쟁보다 협력이야말로 AI 시대에 우리가 학생들에게 반드시 남겨줘야 할 교육의 얼굴이다.

'배워도 쓸 데가 없다' 는 청년들

고립 속에서 자라나는 혐오

청소년들을 만나면 마음이 무거워지곤 한다. 온라인 공간에서 쏟아지는 차별과 혐오, 왜곡된 정보와 극단적인 콘텐츠가 학생들의 일상 깊숙이 스며들어 있기 때문. 내용만이 아니라 속도도 문제다. 생각이 여물기도 전에 세계를 흑백으로 나누는 언어와 단순한 적대의 논리가 먼저 학생들에게 학습되고 있다.

인터넷 문제로만 보이지 않는다. 기술 문제가 아닌 교육 문제, 더 정확히 말하면 민주시민교육의 부재가 드러난 결과라 생각한다. 학생들은 무엇을 믿어야 하는지, 어떻게 판단해야 하는지, 타인과 어떤 관계를 맺으며 살아가야 하는지 충분히 배우기도 전에 디지털 세계에 던져지고 있다.

나는 무엇보다 학교 안에서 디지털 시민교육이 정규 교육과정으로 자리 잡아야 한다고 본다. 스마트폰 사용법이나 정보 윤리를 넘어 온라인 정보의 진위를 스스로 판단하는 힘, 다른 의견을 존중하고 공감하는 태도, 혐오와 차별을 비판적으로 인식하는 능력을 함께 길러야 한다.

이것은 기술 활용 교육보다 사람을 위한 디지털 인성교육에 가깝다. AI 시대일수록 무엇을 받아들이고 거부해야 하는지 스스로 판단할 수 있는 시민의 힘이 중요해진다.

혐오에 맞서는 힘은 지식만으론 충분하지 않다. 공감과 연대의 경험을 키우는 교육도 필요한 이유다. 다문화, 성평등, 장애 인권, 평화교육은 특별한 날에 한 번 치르는 행사가 아니라 학교의 일상 문화가 돼야 한다.

학생들이 '다름'을 두려움이나 조롱의 대상으로 배우는 것이 아니라 함께 살아가기 위해 이해해야 할 삶의 조건으로 경험할 수 있어야 한다. 질문이 허용되고, 토론이 가능하며, 서로의 생각을 비교적 안전하게 말할 수 있는 교실.

학교 안 교육만으론 충분치 않다. 디지털 환경의 영향력은 이미 학교 밖에서 더 크게 작동하고 있기 때문이다. 교육청이 주도하는 '청소년 온라인 미디어센터' 같은 공공적 기반을 통해 '가짜뉴스 대응 교육'과 '청소년 팩트체크 프로그램'을 운영할 필요가 있다.

또래 간 토론과 콘텐츠 제작 활동을 지원해 학생들이 혐오 콘텐츠의 수동적인 소비자가 아니라, 건강한 온라인 문화를 만들어가는 능동적인 참여자로 성장하도록 돕는 일도 중요하다. 스스로 만들어 본 경험은 무분별한 정보에 휩쓸리지 않게 하는 가장 강한 면역이 된다.

이 모든 교육의 바탕에는 대화가 있다. 혐오와 극단성은 대부분 고립 속에서 자라난다. 외롭고 이해받지 못한다고 느낄 때 단순하고 공격적인 설명은 더욱 강한 힘을 갖는다.

학교가 학생들이 연결되는 공간이어야 하는 이유다. 서로의 얘기를 듣고 다름을 질문하며, 갈등을 말로 풀어보는 경험이 쌓일 때 혐오는 설 자리를 잃는다.

학생들이 혐오를 먼저 배우는 사회가 아니라 공감으로 성장하는 사회를 만들어야 한다. 디지털 기술이 아무리 발전해도 공감을 가르치는 일은 여전히 교육 몫이다.

혐오를 막는 가장 강력한 힘은 통제보다 이해이며 배제보다 관계다. AI 시대에 중요한 건 기술 자체가 아닌 디지털 시민성이다. 학생들이 증오의 언어가 아니라 이해의 언어를 배우는 교육, 경북 교육의 미래다.

지역에서 배우고 지역에서 일한다

산업단지 이야기를 꺼낼 때마다 마음이 무거워진다. 구미와 포항, 경주 같은 곳을 직접 다니다 보면 더 그렇다. 공장은 돌아가고 기업은 자리를 지키고 있다.

겉으로 보면 일자리가 없는 것도 아니다. 하지만 정작 그곳에서 자란 청년들은 남지 않는다. "배워도 쓸 데가 없다"란 말을 남기고 더 큰 도시로 떠난다. 개인 선택을 넘어서는 구조적인 문제가 담겨 있는 말이다.

학교에서 배우는 내용은 현장과 멀어져 있고, 현장실습은 여전히 위험하거나 단순 노동에 머무는 경우가 많다. 배움과 일이 서로 연결되지 못한 채 따로 움직이고 있는 것. 학생들은 배움의 의미를 잃고 지역은 인재를 잃는다. 이 악순환을 끊지 않으면 산업단지는 남아 있어도 지역의 미래는 비어 버린다.

학교와 산업단지를 다시 잇는 일부터 시작해야 한다. 먼저 '산학연계 미래기술학교'를 만들 필요가 있다. 학교에서 지역 기업과 대학이 협력해 AI, 로봇, 반도체, 그린 에너지 같은 미래 산업기술을 직접 배울 수 있는 구조를 만들어야 한다.

교과서 속 지식이 아니라 현장에서 쓰이는 미래 기술을 익히는 교육이다. 학생이 '이걸 배워서 어디에 쓰나' 고민하지 않도록 배움의 방향을 현장과 연결하고 진로와 연결해야 한다.

'직업계고 전용 진로지원센터'도 설치해야 한다. 지금의 진로 상담은 여전히 진학 중심에 머물러 있다. 직업계고 학생들에게는 취업 이후 삶까지 함께 설계해 줄 전문적인 지원체계가 필요하다. 기업 정보 제공, 인턴십 매칭, 경력 관리로 이어지는 일자리 맞춤형 플랫폼 구축은 취업이 끝이 아닌 시작이 되도록 도울 수 있다.

현장실습의 질과 안전을 근본적으로 바꾸는 일도 필요하다. 학생을 값싼 노동력으로 사용하는 실습은 더 이상 용납될 수 없다.

안전 기준을 강화하고 실습 기업을 사전에 인증해 '배움이 중심이 되는 현장'만 현장실습 기관으로 허용해야 한다. 현장실습은 노동이 아니라 배움의 연장이어야 한다. 그래야 학생도 기업도 서로를 신뢰할 수 있다.

핵심은 분명하다. 배운 만큼 지역에서 일할 수 있는 길을 여는 것. 그 길이 열릴 때 청년은 떠나지 않는다. 지역에서 배우고, 지역에서 일하며, 지역에서 미래를 그릴 수 있을 때 산업단지는 단순한 공장을 넘어 삶의 터전이 된다.

학교와 산업단지를 연결해 '경북형 미래 산학교육 생태계'를 만들어야 한다. 청년이 떠나는 경북이 아닌 머물고 싶은 경북. 그 출발점은 언제나 교육이다. 배움이 곧 일이 되는 순간 지역의 미래는 다시 움직이기 시작한다.

학교를 떠나도 공공은 곁에

교육은 학교 안에서만 완성되지 않는다. 학생들이 성장하는 과정에는 수업뿐 아니라 돌봄과 관계, 진로 그리고 지역의 삶이 함께 얽혀 있다. 지금껏 교육정책은 이 요소들을 각기 다른 영역으로 나눠 다뤄 왔다. 그 결과 학교는 과도한 책임을 떠안았고 지역의 자원은 교육과 충분히 연결되지 못했다.

필요한 건 개별 사업을 늘리는 일이 아니다. 지역 안에서 교육과 돌봄이 자연스럽게 순환하는 생태계를 구축하는 일이다. 생태계에서 교육청의 역할은 분명하다. 직접 모든 걸 수행하는 기관이 아니라 연결과 조정을 책임지는 중심축이 돼야 한다.

지자체, 대학, 시민사회와 협력해 학교 교육이 지역의 돌봄·문화·진로 자원과 이어지도록 설계하는 역할이다. 학교에서의 배움이 방과 후 활동으로, 돌봄으로, 지역의 일 경험으로 확장되고 그 경험이 다시 학생 성장과 지역 활력으로 돌아올 때 교육은 비로소 삶이 된다.

협력이 작동하려면 각 주체의 역할이 분명해야 한다. 교육청과 학교는 교육과정과 학생 지원의 중심을 맡고 지자체는 통학과 돌봄, 공간과 주거 같은 생활 인프라를 책임진다. 대학과 전문기관은 전문성 제공과 인력 양성의 허브가 된다. 시민사회와 마을은 일상 속 배움과 관계망을 형성하는 토대가 된다.

누가 주도하는가보단 학생의 하루를 기준으로 그 역할이 제대로 연결되는가가 중요하다. 이를 위해 공간과 시간의 재구성이 필요하다. 학교를 중심으로 도서관, 청소년시설, 평생학습관, 문화·체육 시설이 하나의 생활권으로 묶이는 '생활권 교육 복합지구'는 유효한 방식이 될 수 있다.

읍·면 단위에선 작은 학교를 거점으로 돌봄과 문화, 평생학습이 함께 이루어지는 구조를 만들어 학교가 지역의 중심으로 기능하도록 해야 한다. 이때 교사는 모든 역할을 떠안는 사람이 아니라 지역

자원과 교육과정을 연결하는 전문적인 설계자가 된다.

지역교육의 지속 가능성을 좌우하는 또 하나의 핵심은 사람의 정착이다. 특히 청년 교사와 청년 교육 인력이 지역에 머물 수 있는 조건을 만드는 일은 교육의 연속성과 직결된다.

주거 부담, 생활 인프라 부족, 관계망 부재, 성장 기회의 한계는 청년 인력이 지역을 떠나게 만드는 주원인이다. 정착 지원은 단순한 복지를 넘어 주거·생활·관계·성장의 조건을 함께 설계하는 문제로 접근해야 한다.

교육청은 지자체, 대학과 협력해 공공임대 주거, 교통과 문화 접근성, 멘토링과 동료 네트워크, 연수와 연구 기회를 연계해야 한다.

청년 교육 인력이 일만 하는 사람이 아니라 지역에서 살아가는 구성원으로 자리 잡을 수 있도록 하기 위함이다. 교육의 질은 그 지역에 오래 머무르며 학생들의 삶을 이해하는 사람들에 의해 만들어진다.

이 생태계의 출발점은 학교를 떠나는 순간의 지원이다. 졸업과 동시에 청소년은 교육의 보호망에서 급격히 벗어난다. 취업 준비와 직업 훈련, 진학과 자립의 초기 단계에서 필요한 비용과 정보가 부족하면 선택지를 잃고 불안정한 경로로 내몰리기 쉽다.

나는 사회로 나아가는 청소년에게 '사회진출 지원금 100만 원 바우처'를 지급하는 정책을 제안한다. 단순한 현금 지원이 아니다. 사회가 청소년의 첫 출발을 함께 책임진다는 신호다.

자격증 취득, 직업 훈련, 취업 준비 비용, 이동과 생활에 필요한 최소한 비용 등 청소년들의 실제 필요에 맞게 사용할 수 있도록 바우처 방식으로 설계한다. 중요한 건 금액 크기가 아니라 학교를 떠나는 순간에도 공공이 곁에 있다는 경험을 제공하는 데 있다.

지역의 교육·돌봄 생태계는 하나의 제도로 완성되지 않는다. 하지만 청소년의 첫 출발을 돕고, 청년 교육 인력이 지역에 정착하며, 학교와 지역이 일상적으로 연결되는 작은 변화들이 쌓일 때 교육은 지역의 미래가 된다.

교육청의 역할은 모든 걸 직접 해결하는 게 아니라 이 연결이 끊어지지 않도록 구조를 설계하고 조정하는 일이다. 그때 교육은 교실을 넘어 지역 전체의 삶을 바꾸는 힘이 된다.

돌봄의 중심, 학교에서 지역으로

학교 혼자 돌봄을 다 감당하는 시대는 끝나야 한다. 요즘 학교를 돌아보면 교사들의 하루가 얼마나 벅찬지 쉽게 알 수 있다. 수업 준비하고 학생들 만나는 일만으로도 하루가 빠듯한데, 행정과 민원에 각종 업무가 겹쳐진다. 그 위에 돌봄까지 책임지라는 요구는 교사들에게 또 하나의 부담이 된다.

돌봄교실도 사정은 다르지 않다. 공간은 늘 부족하고 인력은 항상 모자란다. 현장의 헌신만으론 버티기 어렵다. 나는 돌봄의 중심을 학교에서 지역으로 옮겨야 한다고 말해 왔다.

돌봄은 교육청만의 일도 학교만의 책임도 아니다. 지방자치단체와 지역사회가 함께 만들어야 할 공동 책임이다. 학생들의 하루는 학교 울타리 안에서만 이뤄지지 않기 때문이다.

먼저, 지자체 중심의 통합 돌봄 기구가 필요하다. 지금은 교육청, 시·군, 복지기관이 각자 돌봄 기구를 운영하고 있다. 제도는 많지만 서로 연결되지 않아 공백이 생긴다.

이를 하나로 묶는 '경북형 통합돌봄지원센터'를 만들어 인력 배치와 공간 조정, 예산 운영을 통합 관리해야 한다. 학생들이 어느 지역 어느 학교에 다니든 돌봄이 끊기지 않도록 하는 것이 목표다.

둘째, 지역 돌봄 거점을 만들어야 한다. 학교는 수업과 공간을 맡고 지자체는 인력과 예산을 책임지며, 지역사회는 프로그램과 돌봄 자원을 더하는 협력형 모델을 만들어야 한다.

특히 마을회관, 주민센터, 대학 공간을 활용한 '마을·대학 연계 돌봄 캠퍼스'를 조성하는 방안이 필요하다. 방과 후 학생들이 갈 곳이 없어 학교에 남아 있는 게 아니라, 배우고 쉬고 돌봄을 받으며 지역 안에서 하루를 이어갈 수 있도록 하는 구조다.

셋째, 공백 없는 돌봄이다. 방과 후뿐 아니라 방학 중에도 돌봄이 끊기지 않는 돌봄 체계를 지자체 중심으로 제도화해야 한다. 부모의 근무 형태나 지역 여건에 따라 아이들의 돌봄이 흔들려선 안 된다. 나는 돌봄을 교육의 부수적인 역할로 보지 않는다.

돌봄은 학생의 하루 전체를 함께 책임지는 지역의 교육복지다. 학생이 안전하게 머물 수 있는 공간이 있고, 믿고 맡길 수 있는 어른이 있으며, 함께 자랄 수 있는 공동체가 있을 때 교육도 제 역할을 할 수 있다.

학교와 지자체가 따로 움직이는 돌봄은 오래가지 못한다. 학교와 지자체가 한 몸처럼 연결된 지자체 중심의 국가 책임형 돌봄 체계를 실현하고 싶다.

돌봄의 부담은 나누고 책임은 함께 지는 구조가 학생들을 지키는 가장 현실적인 길이라 믿는다. 돌봄의 중심은 학교 아닌 지역이다. 학생의 하루 전체를 지역이 함께 책임질 때 교사는 수업에 집중할 수 있고 학생은 더 안전하게 자랄 수 있다. 그 변화가 경북에서부터 시작되기를 바란다.

학교를 연결해 살린다

경북형 상생학구제, 많으면 덜고 적으면 더하고

도시 학교와 농촌 학교를 함께 살릴 수 없느냐는 질문을 자주 받는다. 현실적인 고민이 담긴 질문이다. 한쪽에선 학생 수 증가로 교실이 과밀해지고, 다른 한쪽에선 학생 수 감소로 학교의 존립 자체가 흔들리기 때문.

어느 한쪽을 선택해야 하는 문제로 보면 답이 나오지 않는다. 학교를 줄이는 방식이 아니라 서로를 연결해 함께 살리는 방식이 가능하다고 생각해 왔다.

이러한 문제의식에서 출발한 것이 바로 '경북형 상생학구제' 다. 경쟁을 통해 살아남을 학교를 가르는 제도가 아니라 도시와 농촌 학교가 서로를 살리는 구조를 만드는 정책이다.

현재 도심의 많은 학교는 과밀 상태에 놓여 있다. 한 학급에 28명이 넘는 교실에서는 교사가 학생 한 명 한 명을 충분히 살피기 어렵다. 학생들도 서로에게 밀려나듯 학교생활을 하게 된다.

단순한 수용 문제를 넘어 교육의 질과 학교의 건강을 위협하는 구조적 문제다. 변화의 출발이 대규모 학교부터 시작돼야 하는 이유다. 학급당 학생 수를 단계적으로 줄여, 도시에서도 학생 한 명 한 명을 세심하게 돌볼 수 있는 '여유 있는 교실'을 만들어야 한다.

동시에 학생 수를 분산하는 구조적 전환이 필요하다. 그 핵심이 '소규모 학교 자유학구제'다. 주소를 옮기지 않더라도, 도시의 과밀학교 학생이 인근 농산어촌이나 소규모 학교로 전입할 수 있도록 선택 폭을 넓히는 방식이다.

기숙형 학교를 선택할 수도, 생태·문화 중심의 특색 교육을 선택할 수도 있다. 농촌의 작은 학교는 다시 숨을 쉬게 되고 도시의 큰 학교는 과밀의 부담을 덜 수 있다. 서로가 서로를 살리는 구조다.

학생 이동만으로 교육이 살아나진 않는다. 읍·면 단위의 교육공동체 네트워크 구축이 필요하다. 초·중·고 학교는 물론 도서관과 평생교육기관, 마을 자원까지 연결된 하나의 생활권 교육 캠퍼스를 만드는 것.

작은 학교는 지역 자원을 활용해 다양한 배움을 만들어 가고, 도시 학교와는 온라인 공동수업으로 이어진다. 교실이 물리적 경계를 넘는 순간 배움의 공간은 훨씬 넓어진다.

통학과 돌봄 격차도 함께 풀어야 할 과제다. 읍·면 1학교 원칙과 통학버스 공영제를 통해 학생들이 어디에 살든 안전하게 학교에 다닐 수 있는 조건을 마련해야 한다. 여기에 지자체 중심의 통합 돌봄 체계를 더하면, 도시와 농촌 모두에서 학생들이 안심하고 자랄 수 있는 기반이 만들어진다.

중요한 건 학교 크기가 아니다. 배움이 어떻게 연결돼 있는지가 핵심이다. 학교를 없애 효율을 높이는 길이 아니라 학교를 잇고 사람을 잇는 길이 필요하다. 경북의 모든 학교가 서로를 살리는 구조, 도시와 농촌이 함께 성장하는 상생형 교육체제를 만들어 가야 한다.

학교는 경쟁 결과로 남겨질 대상이 아니라 함께 지켜야 할 공동자산이다. 도시는 여유 있는 교실로, 농촌은 살아 있는 학교로, 학교 크기가 아닌 배움 연결이 경북교육의 힘이 되도록 하는 것. 이것이 경북교육의 방향이 돼야 한다.

주소는 그대로, 배움만 옮기기

도시 학생들이 소규모 학교로 전입하는 게 과연 현실적으로 가능하냐는 질문을 자주 받는다. 여기엔 두 가지 걱정이 담겨 있다. 도시의 과밀학교 문제와 농촌 소규모 학교의 학생 감소 문제.

겉으론 서로 다른 문제처럼 보이지만 동전의 양면과도 같다. 두 문제를 동시에 풀기 위한 해법으로 '경북형 상생학구제'를 제안해

왔다.

이상적인 구상이 아니라 이미 다른 지역에서 가능성이 검증된 방식이다. 전라남도에선 공동학구제를 운영하고 있다. 같은 시 안에서 25학급이 넘는 대규모 학교 학생이 주소를 옮기지 않고도 12학급 미만의 소규모 학교로 전학할 수 있도록 한다.

작은 학교는 학생이 늘며 활력을 되찾았고 큰 학교는 과밀이 완화되었다. 어느 한쪽의 희생을 전제로 하지 않은 선택이었다.

충청남도의 농촌 유학 프로그램도 주목할 만하다. 도시 학생들이 일정 기간 농촌의 작은 학교에서 배우는 방식으로 운영된다. 단순한 전학이기보단 생태와 공감 중심의 교육을 경험하는 과정에 가깝다.

프로그램을 경험한 학부모들 사이에선 '학생에게 진짜 필요한 교육을 만났다'는 평가가 이어진다. 성적보다 학생의 표정과 태도가 달라졌다는 얘기도 뒤따른다.

경북은 위 사례들을 한 단계 더 발전시킬 수 있는 조건을 갖추고 있다. 나는 소규모 학교 자유학구제와 읍·면 단위 교육공동체의 결합을 생각해 봤다. 도시의 과밀학교 학생이 희망할 경우 주소 이전 없이 인근 농산어촌 소규모 학교로 전입할 수 있도록 한다.

나아가 해당 학교를 단순한 수업 공간을 넘어 돌봄과 체험, 기숙형 프로그램까지 갖춘 마을 학교로 운영하는 구상이다. 학교가 작다고 해서 교육까지 작을 필요는 없다. 작은 학교를 '작은 캠퍼스'로 키우자는 제안이다.

교육청의 노력만으론 완성될 수 없다. 지자체와의 협력이 필수다. 통학버스 공영제를 도입해 도시에서 작은 학교로 다니는 학생들이 이동의 불편을 느끼지 않도록 한다.

또 주거 지원과 지역 일자리 정책을 연계하면 가족 단위 전입도 현실적인 선택지가 될 수 있다. 나아가 학교와 도서관, 평생학습관, 마을 공방을 하나로 엮는 생활권 학교복합교육기관화한다면, 학교는 자연스럽게 지역의 중심이 되고 마을은 배움의 공간으로 확장된다.

다시 말하지만 중요한 건 학교 크기가 아니다. 얼마나 잘 연결돼 있는가가 핵심이다. 도시 학생이 작은 학교에서 더 깊이 배우고, 작은 학교가 지역 문화와 삶을 품는 구조가 만들어질 때 과밀과 소멸이란 두 위기는 동시에 풀릴 수 있다.

학교를 없애는 방식으로 문제를 해결할 수 없다. 학교를 잇고 학생들의 선택지를 넓히는 방식이 필요하다. 주소는 옮기지 않아도 배움은 옮길 수 있어야 한다. 작은 학교는 지역의 미래가 되고 도시는 여유를 되찾는다. 내가 제안하는 경북형 상생학구제는 도시와 농촌이 함께 살아나는 교육의 길이다.

예산, 크기 아닌 방향 문제

정책 이야기를 하다 보면 꼭 이런 질문을 듣게 된다. "그 말은 참

좋은데, 예산은 어떻게 할 겁니까?" 현실적인 질문이고 피할 수 없는 질문이다. 나는 이렇게 답해왔다. "충분히 가능하다. 다만 기존 틀을 바꿔야 한다."

우리는 흔히 교육 문제를 돈이 부족해 생기는 문제라고 말한다. 학교 현장을 오래 들여다보면 꼭 그렇지만은 않단 사실을 알게 된다. 지금도 학교마다 적지 않은 예산이 쓰이고 있다. 문제는 그 돈이 어디로 가고 어떤 방향으로 쓰이느냐는 것.

필요한 건 네 가지. 첫째, 교육청 기본사업의 구조조정. 그동안 관행처럼 이어져 온 형식적인 사업, 이름만 바뀐 채 반복되는 중복 예산들이 있다. 목적은 좋으나 현장에선 체감되지 않는 사업도 적지 않다.

이런 예산을 과감히 정비해 작은 학교 살리기와 지역교육 활성화에 우선적으로 투입해야 한다. 보여주기식 행정을 줄이고 학생들의 삶에 직접 닿는 곳에 예산을 쓰는 게 우선이다.

둘째, 지자체와의 공동 예산 운영. 학교는 교육시설이면서 동시에 지역의 생활 인프라다. 학생들만 사용하는 공간이 아니라 마을의 돌봄과 문화, 배움이 함께 이루어지는 공공자산이다. 그럼에도 지금까진 교육청이 거의 모든 재정 부담을 떠안아 왔다. 이 구조를 바꿀 필요가 있다.

지자체와 협력해 교육·문화·돌봄이 결합된 복합 교육공간으로 학교를 전환하고, 예산 역시 함께 책임지는 구조를 만들고자 한다. 이미 여러 시·군에서 이러한 모델이 성공적으로 운영되고 있다. 학교를 중심으로 지역이 살아나는 사례는 낯선 이야기가 아니다.

셋째, 중앙정부 공모사업과의 연계. '그린 스마트 미래학교', '교육복합지구' 사업처럼 국가가 지원하는 다양한 사업들이 있다. 이를 작은 학교와 지역형 미래학교 전환에 적극 연결해야 한다. 학교를 리모델링하고, 배움과 돌봄이 함께 이루어지는 공간으로 바꾸는 데 국가 예산을 효과적으로 활용할 수 있다면, 교육청의 재정 부담은 훨씬 줄어든다.

끝으로 민관 협력 모델의 적극 도입. 지역 대학과 기업, 공공기관이 학교와 손잡고 진로교육과 직업체험, 시설 개선에 함께 참여하는 구조다. 이미 경북의 여러 기업이 사회공헌사업을 통해 교육 협력을 확대하고 있다. 학교가 지역과 손을 잡을수록 예산 확보 가능성도 함께 커진다.

중요한 건 돈이 있느냐가 아니다. 예산의 방향을 바꿀 의지가 있느냐다. 학생들의 배움과 지역의 지속 가능성을 기준으로 예산의 우선순위를 다시 세우는 일은 지금 교육행정에 요구되는 책임이다.

폐교 제로는 재정 문제가 아니다. 어디에 먼저 투자할 것인가에 대한 선택 문제다. 학생들이 있는 곳에 예산이 가야 한다는 단순한 원칙 지키기. 내가 말하는 책임 있는 교육재정이다.

정책 증명은 말 아닌 변화로

아무리 그럴듯한 말이라도 결과로 증명되지 않으면 좋은 정책이 되기 어렵다. 교육도 예외가 아니다. 의도가 좋아도 현장에서 무엇이 달라졌는지 보여주지 못하면 교육행정은 신뢰를 얻을 수 없다. 경북교육의 변화를 측정 가능한 지표, 즉 KPI로 관리하고 그 결과를 정기적으로 공개하는 방식이 필요하다고 보는 이유다.

교육행정이 스스로를 평가하지 않으면 결국 현장의 불신으로 돌아온다. '무엇을 하겠다'는 선언보다 중요한 건 '얼마나 달라졌는가'를 설명하는 일이다. 성과를 숨기지 않고 드러내는 행정, 잘된 건 키우고 부족한 건 고쳐 나갈 수 있는 행정이 신뢰의 출발점이라 생각한다.

이를 위해 학생의 행복과 건강을 직접 측정하는 지표를 도입해야 한다. 학생들이 정말로 행복해졌는지, 아침의 여유가 늘어났는지, 수면 시간은 충분해졌는지와 같은 변화는 성적표에는 나타나지 않는다.

하지만 이러한 변화야말로 교육 성과를 가장 정확하게 보여주는 신호다. 정기적인 학생 행복도 조사와 건강생활 지표를 통해, 건강한 하루를 회복하는 성장학교나 교육 환경 개선이 학생들의 일상에 어떤 영향을 미쳤는지 확인하고자 한다.

교육의 구조적 변화를 보여주는 지표도 꾸준히 관리해야 한다. 과밀학급은 얼마나 줄었는지, 농산어촌의 작은 학교는 배움과 돌봄, 문화가 어우러진 공간으로 얼마나 전환되었는지, 학교 간 교육 격차는 실제로 완화되고 있는지 수치로 공개해야 한다.

변화는 체감만으론 부족하다. 구조가 바뀌고 있는지 숫자로 확인할 수 있을 때 정책은 평가 대상이 된다.

참여와 협력 정도도 성과로 측정돼야 한다. 학생·교직원·학부모 의회에서 제안된 안건 가운데 실제로 정책에 반영된 비율을 공개하고, 그 과정과 결과를 누구나 확인할 수 있도록 해야 한다. 참여는 형식이 아닌 결과로 이어질 때 의미를 갖는다. 제안이 어떻게 정책으로 이어졌으며 왜 반영되지 않았는지 설명하는 행정이 필요하다.

끝으로 지역과 산업 연계의 성과 역시 지표로 관리해야 한다. 산업단지 지역에서는 학교와 기업이 얼마나 연결되었는지, 직업계고 학생들의 취업 연계율이 어떻게 변화하고 있는지 정기적으로 공개한다. 이를 통해 교육이 지역의 미래와 어떤 방식으로 맞물려 작동하고 있는지 분명히 드러내고자 한다.

지표 관리의 목적은 단순히 숫자 늘리기에 있지 않다. 변화가 실제로 일어나고 있는지 확인하고 그 결과에 따라 정책을 조정하기 위함이다.

잘된 정책은 더 확장하고 효과가 부족한 정책은 과감히 수정하기 위한 근거이기도 하다. 교육행정이 말솜씨로 평가받는 시대는 끝나야 한다. 숫자로 책임지고 공개로 신뢰를 쌓는 행정이 필요하다.

학생의 웃음, 교사의 여유, 지역의 참여. 이 세 가지가 경북교육의 진짜 성적표다. 정책은 말이 아닌 변화로 증명돼야 한다. 교육행정은 그 변화를 숨기는 조직이 아니라 누구나 볼 수 있도록 드러내는 공공 시스템이어야 한다. 이 원칙 위에서 경북교육의 신뢰를 다시 세우고 싶다.

문제 해결의 언어가 필요하다

지자체마다 정치 성향이 다르고 중앙정부의 정책 방향도 자주 바뀐다. 이런 상황에서 교육감이 다른 정당 출신의 지자체장과 어떻게 협력할 수 있겠느냐는 질문을 자주 받는다. 현실적인 질문이다. 동시에 교육이 얼마나 자주 정치의 언어로 설명돼 왔는지 돌아보게 한다.

대답은 분명하다. 교육은 정파 아닌 학생들 삶의 문제라는 것. 정치적 입장은 다를 수 있다. 하지만 학생들이 안전하게 배우고 자라야 한다는 사실만큼은 누구도 부정할 수 없다. 나는 이 공통의 출발점 위에서 협력 가능성을 찾고자 한다. 의견이 달라도 학생들의 하루를 지켜야 한다는 책임만큼은 함께 나눌 수 있다고 믿기 때문이다.

무엇보다 교육의 본질은 정치가 아닌 공공이다. 교육은 특정 정당의 성과물이 아니라 지역 학생들이 매일을 살아가는 기본적인 공공 영역이다. 그렇기에 지자체장과의 협력에서도 '정책 논쟁' 보다는 '문제 해결'의 언어가 필요하다.

돌봄과 통학, 학교 시설과 안전 같은 과제는 이념 문제가 아닌 생활 인프라 문제다. 여야 논리보다 "우리 학생들이 오늘 안전하게 학교에 갈 수 있는가?"란 질문이 먼저여야 한다.

중앙정부의 정책 방향과 연계해 협력 근거를 분명히 하는 일도 중요하다. 정권이 바뀌어도 지속돼 온 국가적 과제들이 있다. 지역 균형 발전, 교육 격차 해소, 디지털 전환은 어느 한 정당의 전유물이 아니라 사회적 합의를 통해 이어져 온 방향이다.

경북교육청은 이러한 국가 정책기조에 발맞추어 공모형 사업과 공동 프로젝트를 협력의 장으로 적극 활용해야 할 것이다. 정치적 이해관계를 넘어 제도와 예산의 공동 이익을 중심에 두고 손을 잡자는 제안이다.

협력 방식도 달라져야 한다. 교육청은 지자체에 무언가를 요청하는 기관이 아니라 함께 계획하고 함께 성과를 책임지는 주체가 돼야 한다.

지자체가 추진하는 청년·복지·문화 정책에 교육청이 교육 콘텐츠로 참여하고, 교육청 사업엔 지자체가 공간과 예산을 함께 책임지는 구조. 이 관계를 하나의 교육 협력 파트너십 모델로 제도화해야 한다. 협력은 부탁이 아닌 역할 분담일 때 지속될 수 있다.

협력은 말에서 그치지 않고 결과로 증명돼야 한다. 투명하고 객관적인 성과 지표를 공개하는 게 중요하다. '돌봄 공백률'이 얼마나 줄었는지, '교육복합지구 참여'가 얼마나 확대되었는지, '학생 행복도' 지표가 어떻게 변화했는지 데이터로 공유할 때 협력의 명분은 더 분명해진다. 숫자의 언어는 정당을 가리지 않고 책임을 분명히 한다.

정치는 바뀔 수 있어도 아이들의 하루는 멈출 수 없다. 교육은 정쟁 도구가 아니라 미래를 지키는 공통 기반이다. 정파를 넘어 학생 행복이라는 가장 큰 가치 아래에서 협력하는 것. 교육감이 책임지는 방식이다.

경북교육이 서야 할 자리

나는 변화를 외면하지 않기로 했다

요즘 학교를 떠올리면 마음이 가볍지 않다. 교문 앞에서 마주치는 학생들의 얼굴에서 환한 웃음을 찾기 어렵고, 교무실에서는 지친 숨소리가 먼저 들린다. 학부모들은 아이를 학교에 보내며 여전히 불안을 느낀다. 학교는 제자리에 있지만 제 역할을 온전히 하고 있는지 묻게 된다.

이런 생각 끝에 자연스럽게 질문이 이어진다. 지금 경북교육이 가장 시급하게 풀어야 할 과제는 무엇인가. 여러 문제가 겹쳐져 있지만 결국 세 가지로 모인다. 교육 격차, 입시 경쟁 중심 교육, 교육자치 부재다.

첫째는 교육 격차 줄이기. 도시와 농산어촌의 학교 현실은 크게 다르다. 시설과 프로그램, 선택 폭에서 이미 출발선이 다르다. 더 큰 문제는 학생 수가 줄었단 이유만으로 학교가 사라지는 구조다.

학교가 문을 닫으면 학생들이 떠나고 마을도 함께 사라진다. 이는 단순한 교육 문제를 넘어 지역 존립 문제다. 작은 학교를 단순히 유지하는 데서 멈출 수 없다. 배움과 돌봄, 문화가 함께 어우러지는 마을의 중심 학교로 전환해야 한다.

읍·면 1학교 정책과 교육지원청 단위 통학버스 운영을 통해 학생들이 어디에 살든 교육의 질에서 차별받지 않도록 하는 게 중요하다. 학교는 행정 효율을 따져 정리할 대상이 아니라 학생 권리이자 지역의 미래다.

둘째는 입시 경쟁 중심의 교육 바꾸기. 학교는 경쟁의 장이 아닌 행복을 배우는 공간이어야 한다. 지금의 학교는 학생들에게 지나치게 빠른 속도를 요구한다.

충분히 자라기도 전에 줄을 세우고 비교하고 탈락을 경험케 한다. 하루하루를 버티는 학생들이 배움의 기쁨을 온전히 느끼기 어렵다. 교육의 본질은 인간의 건강한 성장과 발달에 있다. 학생들의 하루하루가 모여 삶이 된다.

등교 시간과 쉬는 시간, 놀이와 방과 후 시간, 돌봄과 가족이 함께하는 시간, 공부하는 시간과 스마트 기기를 사용하는 시간을 함께 돌아볼 필요가 있다. 학생들의 하루가 건강한지 학교와 지역사회가 함께 성찰하고 그 일상에 변화를 만들어 가야 한다.

입시 경쟁을 줄이고 협력과 발달 중심 교육으로 전환할 때 배움은 점수 아닌 삶이 된다. 이것이 내가 그리는 경북교육의 모습이다.

셋째는 교육자치 실현. 교육은 행정으로만 굴러가지 않는다. 학생과 교사, 학부모가 함께 만들어 가는 약속이다. 하지만 현실의 교육정책은 여전히 현장과 동떨어진 곳에서 결정된다. 청소년·교직원·학부모 의회 설치를 제안하는 이유다. 형식적인 기구를 만들기 위함이 아니라 실제로 정책에 참여하는 구조를 만들기 위함이다.

학교 문제를 가장 잘 아는 사람은 학교 안에 있다. 그 목소리가 정책으로 이어질 때 교육은 살아 움직이기 시작한다. 학교가 행복해야 경북이 살아난다. 학생들이 다시 웃는 순간 교육의 변화는 이미 시작된다. 나는 그 변화를 외면하지 않기로 했다. 그리고 지금, 그 길 위에 서 있다.

경북 학생들에게 전하고 싶은 말

사랑하는 경북의 학생 여러분. 이 글을 읽고 있는 지금 어떤 하루를 보내고 있나요. 공부와 경쟁, 진로와 미래에 대한 고민 속에서 때론 숨이 막히고, '이렇게 하는 게 맞나' 싶은 순간도 많을 겁니다. 아침에 눈을 뜨는 일조차 버거운 날도 분명 있을 것입니다.

나는 여러분에게 꼭 전하고 싶은 말이 있습니다. "여러분은 이미 충분히 잘하고 있습니다." 위로가 아니라 사실입니다. 지금 이 자리에서 하루를 살아내고 있다는 것 자체가 이미 대단한 일입니다.

학교는 점수를 위한 곳이 아니라 여러분이 자기 자신으로 자라기 위한 삶의 배움터여야 합니다. 남들과 비교해서 앞서는 법을 배우는 곳이 아니라 스스로의 속도를 찾는 곳이어야 합니다. 우리는 너무 오랫동안 학교를 경쟁 공간으로 만들어 왔습니다. 그 과정에서 여러분의 목소리는 작아지고 생각은 조심스러워졌습니다.

나는 그런 학교를 바꾸고 싶습니다. 조금 더 여유롭게 눈을 뜨고, 웃으며 등교할 수 있는 학교. 수업 시간에 정답보다 생각을 말해도 괜찮고, 다른 의견을 내도 존중받는 학교. 서로의 다름을 틀림이 아닌 배움의 시작으로 받아들이는 학교 말입니다.

여러분의 한마디, 한 생각은 결코 작지 않습니다. 경북교육의 방향이 되고 학교를 바꾸는 힘이 됩니다. 교육은 어른들만의 결정으로 완성되지 않습니다. 여러분이 어떤 학교를 원하는지 말할 때, 그 말이 정책이 되고 제도가 돼야 합니다. 여러분의 행복이 곧 학교의 목표가 돼야 하기 때문입니다.

저는 믿습니다. 용기 있는 경북교육의 시작은 바로 여러분이라는 것을요. 자신을 믿는 용기, 다른 친구를 존중하는 용기, 불공정하다고 느낄 때 "아니오"라고 말할 수 있는 용기. 이 작은 용기들이 모이면 학교는 분명 달라집니다.

여러분이 웃을 때 학교가 살아납니다. 학교가 살아나면 경북의 미래도 함께 밝아집니다. 두려움보다 용기로, 경쟁보다 연대로 나아갈 때 우리는 서로를 더 잘 이해할 수 있습니다. 여러분 한 사람 한 사람이 이미 소중한 존재이고, 그 자체로 경북교육의 희망입니다.

나는 그 희망을 믿고, 여러분과 함께 걷고 싶습니다.

Chapter 2

용기 있는 좌충우돌 교사 생활

학원 강사에서 학교 선생으로

갑자기 내일부터 학교 출근

삶에서 첫날이나 특별한 날의 극적인 감격이 많지는 않다. 20대 후반 내 인생에 가장 큰 변화의 하나이고 앞으로 꽤 긴 시간 몸담을 학교에 첫 출근 하는 날이 설렐 법도 한데 그럴 여유가 없었다.

1993년 3월 26일 일요일 아침 갑자기 전화를 받았다. 교장 선생님 전화였다. 1월인가 찻집에서 교장 선생님께 면접을 봤으나 특별히 연락이 없어서 다른 사람이 채용되었나 보다 하고 있었는데 27일 내일부터 출근하라고 했다.

대구에서 작은 학원 강사를 하면서 이것저것 고민하던 시기인데. 갑자기 내일부터 출근하라니 당황. 학원 학생들과 마무리 정리도 해야 하고 옷도 좀 준비해야 하는데 참 난감했다. 돈도 없고.

시골 부모님께 전화했더니 급히 돈을 구해 대구로 오셨다. 빚을 내셨으리라. 급한 대로 셔츠 몇 장 사고, 옷가지 챙겨 등산용 큰 배낭에 넣어 메고 정장 입고 나섰다.

당시 대구에서 아침 출근 시간을 맞춰 영덕까지 갈 수 없을 것 같아 포항 터미널 근처에서 자기로 했다. 근처 모텔에서 자고 아침에 시외버스를 타고 영덕터미널에 내렸다. 영덕여자중·고등학교는 터미널에서 가깝다.

등교하는 학생들 사이에서 지나가는 아저씨1처럼 학교 육교를 지나는데 선도부가 서 있었다. 인사하고 선도부 선생님을 지나 건물 1층 교무실로 들어갔다.

교감 선생님께 인사드리고 새로 근무하게 되었다 하니 빈자리에 앉으라고 안내해 주셨다. 첫인상이 온화한 분이다. 수업 직전 교무 회의 시간에 교장 선생님이 내 소개를 해 주셨다. 잘 부탁드린다고 인사.

동료 수학 선생님의 간단한 안내와 수학과였던 교감 선생님 안내를 받아 2교시부터 바로 수업에 들어갔다. 책상 위에 놓인 처음 보는 교과서를 들고서.

영덕에 새긴 교육 발자국

학원에서는 주로 중학생을 지도했고 과외는 중학생과 이과 고등학생 수학2를 했는데 1학년 공통수학이었다. 그것도 전임 선생님이 갑자기 다른 곳으로 가시게 되어 3월 말까지 진행하던 진도를 이어서 다시 적응해야 하는 학생들이었다.

준비가 전혀 안 된 탓에 학생들도 교사도 당황스러웠다. 그럭저럭 소개도 하고 진도 나간 것을 확인하며 오전 첫 시간을 넘겼다.

아직 내가 적응하고 준비해야 할 첫날의 할일은 참 많았다. 젊은 동료 선생님 몇 분이 읍내 식당으로 이끌어 점심을 먹었다.

아침에 영덕에 도착한 것을 아는 동료 선생님이 "자취할 거냐?" 물어 방을 구해야 한다고 했다. 그러자 이전 자신이 자취했던 집으로 안내해 바로 사글셋방을 구했다. 오후 수업에 들어가서는 오전과 같이 소개와 진도 상황을 주고받으며 어색한 탐색전을 하고 퇴근했다.

취사도구도 없는 낯선 곳. 연탄을 주문하고 연탄불 피우고 세면도구와 라면이라도 끓여 먹을 수 있는 냄비 등 취사도구를 구입했다.

저녁은 젊은 선생님들과 식당에서 해결하고 자취방으로 와서 첫날 밤을 맞았다. 내일 수업 준비도 해야 하는데 교사용 지도서와 전임 선생님이 수기로 쓰시던 학습 지도안, 교과서가 전부.

학교 공간과 동료 사람과 학생 사람 모두에게 새롭게 적응해야 하는 상황이 이렇게 갑자기 다가왔다. 첫 출근의 극적인 감격을 누릴 사이도 없이 직장생활도 참 팍팍하게 멋없이 시작했다.

모든 것이 미지의 세계였다. 가장 큰 변화는 학원 강사를 하면서 대구에서 사회 활동을 하던 것에서 안정적인 직장생활을 하는 것으로 변화되었다는 것.

트럭 가진 후배에게 일요일 대구에 있는 짐 가져오게 하기부터 수업 준비, 11년 대구 자취생활을 영덕 자취생활로 바꾸기까지. 첫 출근이 극적이지 않았듯 사람과의 만남과 적응, 수업이 크게 극적으로 다가오진 않았다.

3월 발령받은 동료 둘과 또래 하나 해서 청춘 셋에 나를 보태 영덕 밤거리와 바닷가를 방황하듯, 고뇌하듯 발자국을 새겨 나갔다.

2020년 12월 복직 후 첫 출근

사랑의 매는 없다

학생들과의 기싸움에서 이겨야 한다?

발령 초기 아직 학생들에게 매를 대는 교사들이 많았다. 특히 3월 새 학기 시작하면서 기싸움에서 학생들을 잡아야 한다는 조언을 많이 들었다. 의도적으로 학생을 길들이는 방법은 좋지 않다고 생각해서, 학생들을 휘어잡진 못해도 처음부터 강경 분위기를 잡는 일은 하지 않겠다고 다짐했다.

영덕여고 학교생활은 학기 초 아닌 3월 말 첫 출근을 했다. 전임 수학 선생님이 갑자기 그만둬서 급하게 발령받아 학교생활을 시작했다.

당시 대구에서 저녁 시간 나가던 학원에는 일요일 연락을 취할 방법이 없었기에 월요일 아침에 학교 출근해 전화로 학교 발령상황을 말씀드렸다. 다행히 내가 맡은 시간이 몇 시간 되지 않았고 원장님이 수학과여서 대체 가능했단 소식을 들었다.

학생들의 학업 성적에 학교나 교사 요인보다 학교가 위치한 지역이나 부모의 사회경제적 배경이 더 큰 영향을 미친다고 한다. 학교생활을 하거나 전국 성적을 비교해 보면 금방 확인할 수 있다. 읍 지역에 위치한 우리 학교는 대도시에 비해 성적이 낮은 편이다. 수학 과목에서 차이가 크게 난다.

학교생활을 시작할 때 매를 들지 않으면 좋겠단 생각을 했다. 수업 진행에서 너무 딱딱하지 않게 하려고 노력했다. 수학 수업을 딱딱하게 하지 않으려 노력하는 게 수업 전체를 얼마나 유순하게 했겠냐만. 그 결과인지 학생들과의 긴장감이 높지는 않았던 것 같다.

여자 고등학교 특성인지, 읍 지역 고등학교 특성인지, 대한민국 고등학교 특성인지 모르겠지만 수학 수업을 좋아하는 학생은 많지 않았다. 여기에 초임이다 보니 과제를 내도 날이 갈수록 하지 않는 학생들이 늘어났다. 다시 해 오라 하고 숙제 검사를 다시 해도 안 해오는 학생들이 꽤 됐다.

어쩌나 고민을 했다. 학생과의 만남 시작을 딱딱하게 하는 게 맞나 생각했다. 당시 체벌이 많이 이루어지는 상황에서 주체적으로 성장해야 할 인간을 체벌을 통해 성장시킨다는 게 강압에 길들이는 과정일 수 있다는 생각도 했다. 그래서 체벌 아닌 다른 방법을 많이 연구했다.

초임 교사로서 가질 수 있는 학생 과제나 생활 지도 방법은 그리 많지 않았다. 학생들이 착하고 호흡을 맞추다 보니 수업 진행과 생활 지도는 그럭저럭하는데, 일부 학생들이 숙제를 하지 않는 부분은 내 지도가 잘 관철되지 않았다.

처음 손바닥 맞은 학생에 대한 기억

발령 첫해 10월, 또 몇 번 기간을 두고도 숙제를 하지 않은 학생들이 있어서 점심시간 미술실에 모이게 했다. 이것도 몇 번 시도했던 방법이어서인지 말을 듣지 않고 자리에서 일어나 돌아다니는 학생도 있었다.

체벌을 해야겠다고 생각했다.

평소 웃던 얼굴에 웃음기 거두고 매를 하나 구해서 손바닥을 스무 대 때렸다. 갑자기 분위기가 싸해지고 학생들이 놀라는 상황이 되었다. 어색한 분위기에서 숙제는 해야 한다며 시시콜콜 얘기하고 기일을 더 주며 숙제를 해 오라고 했다. 사람의 자주성을 지키지 못했다는 좌절감이 들었다.

그때 학생 둘이 할 말이 있다며 교무실로 찾아왔다. 할 말을 해 보라고 하니 "00이를 왜 때렸냐? 친구가 많이 놀랐지 않았느냐?"라며 항의를 했다. 나는 "그래, 놀랐을 수 있다. 너희들도 알다시피 3월부터 숙제 하라 했는데 해 오지 않고 꾸중을 하는데도 돌아다니며 반성할 생각도 안 하니, 내가 할 수 있는 방법이 이것밖에 없었다"라고 했다.

학생은 "그동안 안 때리지 않았느냐? 갑자기 그 친구에게 매를 들어 그 친구가 너무 놀랐다. 그래서 항의하러 왔다"라고 대꾸했다. 나는 친구 상황에 대한 항의를 듣고 알겠다며 돌려보냈다.

당시 교무실 옆자리에 기간제 선생님으로 3개월 근무한 선생님이 계셨다. 그분도 거의 갓 졸업한 분이었는데 학생들이 교무실 와서 매질에 대해 항의하는 모습을 보며, 학생들을 물렁하게 대하면 버릇이 나빠진다고 충고했다.

나보다 이삼 년 젊어 보이는 분이 매에 대한 인식이 더 고전적이어서 속으로 놀라기도 했다. 2000년대 교육 운동을 하면서 학생 인권을 얘기할 때마다 처음 손바닥을 맞은 학생에 대한 기억이 나를 반성하게 한다. 그 학생은 졸업 이후로 한 번도 만나지 못했다.

꽃들에겐 희망을, 학생들에겐 꿈을

의욕만 앞서 만든 연극반

대학교 2학년 때부터 야학을 했다. 중학교와 고등학교를 졸업하지 못하고 노동 현장에서 일하는 분들, 중학교와 고등학교 졸업 검정고시를 준비하는 나이 든 분들을 돕는 야학이었다.

야학을 하면서 대학교에서 풍물을 치거나 연극 공연을 하는 것에 관심을 가지게 되었다. 밤에는 거의 야학에 있었고 동아리 활동도 했었기에 관심은 컸으나 직접 참여하진 못했다.

학교에 발령받아 근무할 시기에는 교사 풍물패가 있는 지역이 많았다. 혼자 자취하던 시절, 시간 여유도 되어 교사 풍물패 활동을 했다.

대구에 있는 극단 소식을 들으며 방학 때 하는 교사 연극연수에도 참여했다. 그러다 읍면 지역 학생들은 연극을 접할 기회가 별로 없다는 생각에 연극에 관심 있는 학생들과 연극반을 만들고 지도교사가 되었다.

처음 연극반은 여덟 명 정도였다. 고민은 두 가지였다. 직접 연극을 하려면 연기 훈련을 해야 하고, 연극을 보며 학생 스스로 연극과 연기에 대한 이해를 넓혀야 한다는 것이었다. 의욕만 앞서 연극반은 덜컥 만들었는데 두 가지 조건을 채울 방법이 없었다. 내가 직접 움직일 수밖에.

대구 극단에서 한 번씩 가는 서울 대학로 연극 보기 투어에 같이 갔다. 방학 때 하는 교사 연극연수에도 참여했다. 하루 벌이로 배워 온 것을 학생들에게 기초 연기 지도하고 또 필요한 게 있으면 책을 구해 하루 공부하고 학생들과 나눴다.

1학기가 지날 무렵 대본을 하나 구해 연극을 직접 해 보자고 했다. 연극 공연을 진짜 하게 되리라는 확신은 없었고 그냥 해 보자는 거였다.

여기저기 대본을 찾다 '꽃들에게 희망을' 이란 대본을 만나게 되었다. 고등학생 생활에 대한 고민으로 극단적인 상황에 몰린 학생이 친구들의 설득으로 손을 잡으며 새로운 희망을 열어 가는 내용이었다. 배역과 역할을 나누고 대사 외우기와 연기 기초 훈련 등을 준비했다.

당시 야간 학습은 일부 고학년 학생들만 했고 학교 급식이 이루어지지 않았다. 지도교사로서 가끔 김밥과 빵을 준비해 조금씩 나눠 먹었다. 통학하는 학생들은 일찍 끊기는 막차가 오기 전까지 연습하다 하교했고, 읍내 사는 학생들은 조금 더 연습하는 상황이었다.

학생들 고민을 담은 스토리의 높은 몰입도

하반기 들어서는 본격적인 공연 계획을 세우고 제한된 조건에서 연습을 했다. 준비하다 보니 필요한 게 이것저것 많았다.

무대 세팅을 어떻게 하며 배경음악과 조명은 어떻게 할 것인지, 분장은 또 어떻게? 그나마 고등학교 배경이라 분장은 스스로 하기로 했지만, 낡은 강당엔 마이크와 무대 기본 형광등밖에 없었다.

학생들이 수소문해 실용음악에 관심이 많은 친구에게 대본을 보여주며 음악 준비를 부탁했다. 작은 배경조명 말곤 없는 강당에 핀 조명도 필요했다. 수소문 끝에 지역 교회와 인근 고등학교에서 사정을 얘기하고 하나씩 빌려왔다.

무대와 소품은 체육실 매트 등 도구와 밖에 내어놓은 안 쓰는 나무 의자 등받이를 잘라 사용했다. 신나게 자르고 있는데 교장 선생님이 허락도 없이 의자 등받이를 자른다고 학생들 앞에서 면박을 주어 민망하기도 했다.

긴장감 속에 공연을 준비하는 가운데 처음에 음악을 준비해 준 학생이 학생회 간부로 화랑교육원 갔다가 공연 당일 오후에야 학교로 돌아온다고 했다. 불가피하게 다른 학생이 연습 과정에서 함께 호흡을 맞췄고 공연 당일에도 음악을 담당하기로 했다.

그런데 처음에 음악을 준비했던 학생이 항의하며 공연 관람을 하지 않았다. 연극반은 아니었지만 그 학생은 자신이 준비한 것에 대해 충분히 주장할 수 있는 상황이었다. 그럼에도 호흡 맞추기가 중요하다는 판단으로 그 학생을 배제한 것 같아 두고두고 마음이 쓰였다.

드디어 공연 날. 동료 교사들이 교무실 석유난로를 강당에 두 개 피워 준 것으로 난방을 했다. 준비에 대한 자신이 없어서인지 안내지도 간단하게 만들고 외부에 초청도 많이 하지 않았던 것 같은데, 외부 친구들도 오고 학생들이 많이 참석해 줬다. 조명도 어둡고 마이크도 없어 큰 강당에서 대사가 잘 전달되지 않았으리라.

배경이 익숙하고 스토리가 동시대 학생들의 고민이 담겨 있어서인지 몰입도가 굉장히 높았다. 공연 중간중간 훌쩍이는 소리가 들렸다. 조명을 못 갖춘 것이 더 큰 공감을 형성한 듯하다.

실전에 더 강했다며 눈물을 흘리는 연극반 학생도 있었다. 학교 동아리 지원금으로 짜장면 회식을 하면서, 재정이 거의 들어가지 않은 첫 번째 공연의 감격을 다시 재현하자며 다음 해를 기약했다.

탈진으로 도라지 뜯어 먹은 사연

야영지 가는 길에서도 경험한 차별 문제

학교생활 둘째 해부터 담임 생활을 했다. 수학 과목이다 보니 자연스럽게 2학년 자연반 담임을 맡게 되었다. 영덕여고는 한 학년 네 학급 규모여서 국어, 수학, 영어의 경우 1학년부터 거의 내리 3년을 학생들과 같이 간다.

1학년에 수업하던 학생들을 2학년에도 담당하게 되니 기본적인 정보는 서로 가지고 있었다. 첫 담임에다 1년을 같이 보내며 신뢰가 쌓여서인지 학교 오기 전 하고 싶었던 것들을 많이 했던 것 같다. 학생들과 여름방학에 학급 야영 가는 게 큰 행사 중 하나였다.

한 학기 마칠 즈음 종례 시간에 학생들이 갑자기 학급 야영을 가자고 제안했다. 고2는 학년 단위 야영을 가기도 하고 수학여행도 가야 했다. 고3 준비도 해야 하는데 읍면 지역은 입시에 대한 긴장감이 도시지역에 비해 약했다. 더구나 안전 문제도 지도교사의 지도가 이뤄지면 가능한 상황이라고 했다.

학교에 결재를 받고 자연휴양림이 있는 칠보산으로 야영을 가기로 했다. 학생들이 시간 계획부터 자료집에 준비물까지 모둠을 나눠 준비했다. 여름방학이어서 같이 가줄 지도교사가 여의치 않아 대구에서 학원 하는 친구에게 도움을 요청했다.

드디어 야영 당일. 다행히 선생님 두 분이 함께해 주셔서 지도교사가 네 명이 되었다. 한 학생이 아버지 봉고차 탑승을 요청해 한 시간 걸어갈 계획을 했던 학생들 일부는 차로 이동하게 되었다.

편의를 봐주신 부모님께 감사해하기보다 걸어가기로 한 약속이 지켜지지 않았다고 지적하는 바람에 칭찬받으려 한 학생을 시무룩하게 만든 일도 있었다. 모두 걸어서 산으로 올라가는 길에서 차별을 지적해야 할지 그냥 넘어가야 할지 여전히 고민이 된다.

무사히 야영장에 도착하여 텐트를 치고 잠깐 모여 놀다 저녁 식사를 했다. 지도교사들은 조별로 다니며 저녁을 대충 구걸하는 것으로 때웠다. 지도교사 넷은 작은 텐트에서 자기로 했다. 여름이었지만 밤이 깊으니 한기가 느껴졌다.

아래쪽 텐트에서 밤새 술 마시고 싸우는 소리가 들렸다. 한 선생님은 다리를 모기에게 내주고 몸만 텐트 속에서 잘 주무셨다. 여명이 밝아오며 학생들 계획에 따라 밥 당번만 남기고 산행을 보냈다. 교사는 나 혼자 남아 밥하는 학생들을 지원하기로 했다.

도라지, 곰취 캐서 뜯어 먹으며…

한 시간 산행 코스에 밥 준비도 다 했건만 두 시간이 지나도 돌아오지 않았다. 밤새 잠을 못 잔 학원 하는 친구가 낙오했을까 아니면 학생 중 낙오자가 생겼나 별별 걱정이 들었다.

기다리다 못해 학생들에게 친구들이 오면 크게 냄비 등 소리 나는 것을 두드리라 하고 나 혼자 중간 지름길 코스로 학생들을 찾아 나섰다.

급하게 산을 올랐지만 학생들 소리는 들리지 않고 오히려 내가 탈진 상태가 되었다. 밤새 잠을 설쳤고 요기도 하지 않은 탓.

물도 안 갖고 오는 바람에 탈진은 더 심해졌다. 잠시 쉬면서 도라지와 곰취, 산초를 캐서 씹어 먹었다. 정상 가까이 갔는데도 아무 소리도 들리지 않았다.

학생들이 산을 내려갔다고 판단해 더 올라가지 않고 다른 코스로 내려가기로 했다. 한참을 내려가도 물 있는 계곡이 나타나지 않았다. 더 내려오니 고인 물에 소금쟁이가 떠 있었다.

한숨 쉬며 물을 마신 뒤 빠르게 야영지로 내려오던 중 "선생님" 하는 학생들 목소리가 들렸다. 학생들은 담임이 내려오지 않자 혼자 올라가서 사고 났나 싶어서 다시 산을 오르던 길이었다고.

말 그대로 이산가족 상봉하는 상황. 밤에 잠을 설친 친구는 악으로 등산을 했고 천천히 걷는 학생도 있어서 시간이 늦어졌다고 했다. 같이 아침밥을 맛나게 먹고 더워지는 시간, 텐트 정리 후 하산을 했다.

야영지에서 기억에 남는 건 사람들이 술 취해 싸우는 소리와 탈진해 도라지 뜯어 먹은 것밖에 없다. 더 있다면 우리를 위해 모기에게 다리를 내어 준 동료 선생님과 선생님 찾아 또 산을 오른 학생들. 고맙다.

당신 경력이 몇 년이야?

발언력 큰 교사에게 겁 없이 대들다

학교에는 발언력이 큰 분들이 있다. 공립학교는 학교장과 관리자 라인이지만 사립학교는 학교장과 행정실장 등 재단 관계자들이 절대적이다. 경력 교사들과 지역 출신의 평교사들도 발언력이 쎈 편이다. 권위를 별로 인정하고 싶지 않았던 시절이었던 것 같다.

학교 근무 두 번째 해에 연구과 평가 업무를 담당했다. 평가 업무는 정기고사와 수능 모의고사 평가를 담당한다. 일정과 시험 시간 및 시험 원안지 받기, 결재 등. 학교에서 결재를 맡으면 특별한 상황이 아니면 그대로 일정을 진행한다.

한번은 정기고사 결재가 끝났는데 날짜를 옮기라고 했다. 3학년 모의고사를 치러야 한다는 이해할 수 없는 이유로.

2년 차라 이해를 못 해서인지 발언력이 강한 선생님이 요구해서

인지 막는 사람이 아무도 없었다. 연구과장 선생님은 3학년 주임 선생님이 요청하니 그렇게 하자고 했고, 교감 선생님도 막기 어려울 거라며 다시 결재를 내면 좋겠다고 했다.

나는 학생들에게 시험지 대금을 받아서 보는 모의고사 때문에 자신도 결재 과정에 있었으면서 정기고사 일정을 옮기는 일이 학교에서 있을 수 있냐며 이의를 제기했다.

연구과장 선생님은 자기는 얘기하기 어렵다며 직접 하라고 했다. 교무실에 해당 3학년 주임 선생님이 왔을 때, 결재가 끝난 정기고사 일정을 고3 모의고사 일정 때문에 바꿀 순 없다고 말씀드렸다.

2년 차 신규 교사가 평교사 중 경력이 가장 많은 고3 주임 선생님이 추진하는 일을 계속 반대하니 주임 선생님이 화났을 법도 했을 것이다. 학생들에 대한 열정이 대단하시다, 지역 출신에 주요 과목 선생님이시다 등등 한참 대화하다 화를 내면서 "당신 몇 년 차야?" 소리를 지르신다.

"당신 몇 년 차야?" "1년 6개월입니다"

빠르게 계산해 보고 나도 "1년 6개월입니다" 소리를 질렀다. 교무실이 조용해지면서 "학교는 경력 교사가 이끌고 신규 교사가 따라오면서 화합해 잘 운영돼야 한다."고 하신다. 나는 "경력 교사여도 학사 일정을 모의고사 일정 때문에 바꾸는 건 안 된다." 했더니 일단 그리 알라며 자리를 피하셨다.

이후 학사 일정을 바꾸는 걸로 결정되었다며 다시 결재를 거쳤다. 수능 시험 도입 2년 차여서 입시 문제가 그렇게 복잡하진 않았지만, 여전히 고2 고3 담임선생님 노고에 특별 대우하던 때였다. 나는 학생들에게 경제적 부담을 지우며 모의고사 횟수 늘리는 게 고3의 선한 학사 운영처럼 인식돼선 안 된다고 생각했다.

당시도 지금도 마음에서 정당성이 완전히 인정되진 않는다. 학사 일정은 바뀔 수도 있고 모의고사가 중요하면 모의고사 중심으로 생각할 수도 있는데, 어째서 경직되게 학사 일정을 지키려 했을까. 아니면 정기고사가 중심이 된 학교에 사설기관 모의고사가 훅 들어오는 걸 막는 게 의미 있는 일이었을까. 무엇이 옳은지 지금도 판단하기 어렵다. 학생들에게 도움이 되면 할 수도 있으나 학교 운영에서 기본 교육과정 일정을 중심에 두고 고민하면 좋겠다는 생각이 든다.

차별에 민감한 학생들

조건을 생각하지 않은 학급 운영의 폐해

교사가 되면 학급문집을 만들어 보고 싶다는 생각을 했다. 담임 첫해 3월 즈음 소논문을 관심 주제에 맞게 작성해 종례 시간에 발표하자고 제안했다. 환경이나 건축 주제로 내용을 갖춘 글도 나와서 나름 뿌듯했다.

겨울방학 때 소논문과 시, 수필, 일기 등을 모아 이듬해에 학생들과 함께 문집을 냈다. 처음이자 마지막으로 낸 학급문집이라 감동이 더 컸다.

학교에서는 학생들도 해거리를 한다는 말이 있다. 3년 차에 바로 고3을 맡기기 부담스러워서였던지 또 고2를 담당하게 되었다.

2년째 첫 담임 때 했던 성취의 여운이 강해서 소논문 발표와 자율적 학급 운영을 시도했다. 새로운 학생들에게도 가능할 것으로 생각했던 것. 아뿔싸, 조건을 생각하지 않은 폐해가 가장 적나라하게 나타난 학급 담임이었다.

그 전해 담임을 할 때는 1학년부터 같이 수업하고 올라와서 수학 교사로도 익숙해졌고 담임을 하기에도 학생들에 대한 이해가 많이 이뤄져 있었다. 지나고 생각해 보니 새로 만난 2학년 학생들에게 그전에 익숙한 학생들과 함께한 프로그램을 그대로 적용하려 했으니 무리가 있을 수밖에 없었다.

여유 있게 살필 여력도 없이 그냥 하자고 하니 학생들은 잘 따라주지 않았다. 먼저 전해에 만든 학급문집을 보여주며 우리도 관심사를 발표하고 학급문집을 만들어 보자고 했다.

하지만 지난해와 다르게 주제도 잘 나오지 않고 학생들은 자기 순서가 돼도 준비가 안 됐다. 몇 주 하다 더는 진행할 수 없었다. 학습에 대한 의욕도 확연하게 차이가 났다. 학습에 대한 열의도 드러나지 않았다.

3학년이 야간 학습을 하는데 자기들도 해 달라거나 방학 때 보충 수업 후 오후에 자습 감독을 해 달라던 지난해 분위기는 찾아볼 수 없었다. 무식이 용감이라고 했던가. 아직 분위기 파악보다 모범에 더 꽂혀 있었던 나로서는 한번 묻고 강제할 수 있는 방법을 고민했다. 그러다 기어코 여름방학에 폭발했다.

학생들은 차별에 대해 민감하게 생각한다. 그렇게 안 보이도록 항상 신경을 써야 한다. 학생이 공부를 잘하거나 외모가 눈에 띄면 더 조심해야 한다. 소논문 실패로 학급 운영의 수위를 좀 낮췄으니

여름방학 오후 자습을 하겠느냐고 물었더니 하겠다는 학생이 꽤 있었다.

오후 자율학습을 시작한 지 이삼 일이 지나자 참여 학생이 절반으로 줄어들었다. 젊은 혈기에 마음을 잡으면 할 수 있을 거란 기대와 지난해 담임 땐 학생들이 좀 더 주체적으로 했단 생각이 들었다.

그래서 다음 날부터 하루 안 나오면 손바닥 한 대씩 가산해 맞기로 했다. 학생들도 하겠다고 했는데 불만이 있어도 말을 못 했던 것 같다.

체벌은 행동을 교정하기 어렵다

그때 체벌로 학생들을 지도하는 건 어렵단 걸 느꼈다. 체벌하러 학교 가는 것도 아닌데, 체벌이 당장 위협은 될지 모르지만 행동을 교정하긴 어렵다. 학생들에겐 손바닥 맞는 게 크게 위협이 되지 않는 것 같았다.

다섯 대 체벌하고 여섯 대로 넘어갈 때 앞으로 손바닥 체벌을 하지 않겠다고 생각했다. 그 생각을 실행에 옮겨 체벌을 그만두자 학생들이 차별한다고 강하게 항의했다.

학생들은 자기들과 학생회 간부인 특정 학생을 담임이 차별 대우를 하고 있는데, 여섯 대째 체벌하지 않는 건 그 학생이 오지 않아서라고 주장했다.

이전에도 그 학생이 복통으로 아픈 친구를 바래다주느라 수업에 늦었을 땐 늦었다는 지적을 받지 않았지만, 팔목 깁스를 한 친구를 자기들이 바래다줄 땐 지적을 받았다며 강하게 항의한 적이 있었다. 차별을 받는다며 서러워 눈물 흘리는 학생도 있었다.

나는 여섯 대째 되었을 때 멈출 것인가 고민을 했다. 차별 대우에 대한 학생들의 불만을 잠재우는 정치력도 필요하겠고, 체벌이 교육에서 도구로 사용된 것의 한계를 깨달았다면 멈추는 것도 필요하겠고.

아직 어느 것을 선택하면 좋은지 자신할 순 없다. 다만 2000년대 중반 이후 학생 인권에 대한 고민을 하면서 체벌은 교육적이지 않다는 생각을 해 오고 있다.

수학책 독후감을 숙제로 낸다면?

수학 수업을 식 말고 글로

교사가 되면 하고 싶은 게 많았다. 그중 하나가 수학 수업을 식 말고 글로 하면 좋겠다는 것이었다. 수학사를 좀 더 풍부하게 다뤘으면 좋겠다는 생각도 있었다. 수학책 읽기에 관심이 많이 생기면서 수학책 읽고 독후감 써서 제출하라는 방학 과제를 냈다.

학생들이니 기준을 정해 줄 필요가 있었다. 형식적으로 보일 수 있지만 그러지 않으면 학생들의 이해 편차가 너무 심해 효과가 없을 거라는 판단에서였다.

책은 『이야기 파라독스』, 『흥미 있는 수학 이야기』, 『논리야 반갑다』 세 권 중 하나를 선택하고 독후감을 200자 원고지 15매 내외로 제출하라고 했다. 처음 학생들 반응은 수학 선생님이 제정신인가? 어이없는 표정이었다.

학생들은 수학 과제가 어떻게 독후감이 될 수 있냐며 강하게 항의했다. 나는 독후감은 국어 과제라는 것도 고정관념이다, 사회책 읽고 독후감을 쓸 수도 있고 과학책 읽고 독후감을 쓸 수도 있으니 수학책 읽고 독후감을 쓰면 수학 과제가 된다고 했다.

방학이 끝나고 과제를 바로 제출하는 학생은 별로 없었다. 과제를 미루거나 과제에 대한 감을 못 잡은 듯했다. 그래서 여유를 좀 주며 과제를 마무리하도록 했다.

학생들이 제출한 과제를 읽어가며 집에서의 다양한 반응을 접할 수 있었다. 수학 과제로 독후감을 제출해야 한다고 했더니 언니나 오빠가 배를 잡고 웃더라는 이야기부터, 그런 과제를 제출해야 하는 자신을 불쌍하게 바라보더라는 이야기까지 참 다양했다.

머리글이나 서론을 많이 인용하며 책을 안 읽은 티를 내는 학생부터 책 내용이나 느낌을 풍부하게 기술한 학생까지. 표절률 95%를 자랑하는 학생들은 따로 불러서 누가 표절했는지 자백받고 다시 써 오라고 지도했다.

그래도 많은 학생들이 처음의 황당함에도 불구하고 책을 읽고 유익했으며 사물을 새롭게 보게 됐다는 마무리 글을 기술한 게 내겐 큰 힘이 됐다.

수업은 잘 듣는데 성적은 안 나오는 이유

한편, 수업 태도가 좋고 알아듣는 것 같은 밝은 표정으로 수업을 듣는데 성적은 신통치 않은 학생들이 가끔 있다. 시험 성적이 나오면 교사인 내가 미안할 정도이다. 어떻게 저렇게 열심히 듣고 수업 시간에 고개를 끄덕이는 학생이 성적은 왜 낮을까 고민이었다.

읍면 지역 학생들은 중학교의 선수 학습이 약해서 수업을 못 따라오는 경우가 시 지역에 비해 많은 편이다. 성적이 떨어지는 걸 넘어 개념 이해가 전혀 되지 않는 경우는 굉장히 난감하다. 학급 담임을 맡은 학생이 그랬다.

대화나 일상생활에서 활기차고 어머니의 관심도 많아서 활발한 학생이구나 했는데 국어부터 성적이 영 신통치 않았다. 따로 상담해보니 단어나 문장에 대한 이해가 원활하지 않았다.

직접적으로 이야기하면 자존심이 상할 것 같아 독서를 많이 할 것을 권유했다. 성격이 좋은 학생이 그렇게 하겠다고 했고, 수학 수업 때 표정을 보면 공부에 큰 부담을 느끼진 않는 것 같았다. 문제는 성적으로 나타나는 결과는 별로 변화가 없다는 것. 어쩌야 하나?

2000년 초반 신자유주의 경쟁 교육정책에 반대하며 전교조 선생님들이 시군 지회별로 사람이 많이 다니는 지역에서 피켓 시위를 했다. 지회 활동을 함께 하던 나는 영덕 중심지인 영덕초등학교 앞에서 피켓 시위를 하고 있었다.

그때 학생 어머니가 지나가다 인사를 하셨다. 3월 학부모 총회에서 얼굴을 알고 있던 터라 나도 인사를 했다. 가까이 오신 어머니와 잠시 대화를 하게 되었다. 학생 상황을 알려야 하나 고민하는데 어머니가 수학은 잘 따라오는지 물으신다.

나는 수학 성적에 신경 쓰기보다 동화부터 책 읽기를 통해 기본적인 단어 개념을 정리하면 좋겠다, 이게 안 되니 수학 문제에서 개념을 파악하지 못하고 다른 과목 성적도 나오지 않는다고 말씀드렸다.

어머니는 깜짝 놀라시며 눈물을 흘린다. 집에서 대화할 땐 전혀 문제가 없는데 성적은 안 좋아 어쩌나 했는데 그런 줄은 몰랐다고 하신다.

참 난감했다. 성격도 좋고 일상 대화도 잘 되고 농담도 곧잘 하는데 이를 어쩌나. 그 학생에게만 집중적으로 권유할 수도 없고 수업 시간 쉬운 것에 대해 개념을 묻는 것 정도로 표나지 않게 소통했건만 성적이나 개념 이해는 제자리걸음이었다.

개별 학생 교육 지원이 필요한 경우로 담임을 하면서 거의 진전되지 않고 승급시킨 학생이다. 성격이 좋아서 사회생활은 잘하고 있겠지.

연가 투쟁, 무단결근 아닙니다!

야학 활동과 전교조 가입

대학교 다닐 때부터 야학 활동을 하다가 교사생활을 시작했다. 야학에는 사범대 학생들이 많아서 학교 현장에서 가끔 만나기도 한다.

영덕에서 학교생활을 하다 야학에서 같이 활동하던 선생님을 만났다. 인사하니 전교조 영덕지회 선생님이시다. 전교조 가입을 권유했는데 지금 내가 전교조에서 할 수 있는 일이 무엇이냐고 물은 기억이 난다.

이후 따로 연락이 오지 않아 교사 생활을 하고 몇 년 후에 전교조 가입을 했던 것 같다. 가끔 지회 모임이 있으면 참여하고 합법화 논의가 진행될 즈음 지부 모임에도 함께했다. 당시 지역별로 전교조 조합원은 몇 명 되지 않아서 연락처를 손바닥 크기로 작성하고 코

팅해 나눴던 기억이 난다.

어느 날 사립학교의 실질적 주인인 교장 선생님이 교장실로 부르셨다. 가 보니 "이 선생 전교조 들었어요?"라며 주소록을 내미신다. "예" 하고 전교조는 사실상 합법화 국면에 있다고 했더니 불법이라며 당장 탈퇴하라 하신다.

탈퇴할 마음은 없고 활동은 계속하겠다고 하자 탈퇴서를 내밀며 도장 찍으라 했다. "어차피 활동은 계속할 것이다. 이것을 경북지부에 보내면 시끄러워질 것"이라고 해도 도장만 찍으면 자신이 책임진다 하신다. 그래서 도장을 찍었다.

잠시 후 전교조 경북지부에서 전화가 왔다. "탈퇴서가 팩스로 왔는데 어찌 된 것이냐? 학교 방문을 할까?"라는 질문에 사실대로 말했다.

"강압에 의한 탈퇴서 날인이고 활동은 계속한다고 얘기했으며 학교 방문은 해도 된다"라고 하자 다음 날 전교조 경북지부에서 학교 방문을 했다. 포항에 계신 지부 활동가들이 학교장과 면담했다.

현재 전교조 합법화 과정에 대해 설명하고 강제 탈퇴가 얼마나 부당하고 시대에 역행하는지 강하게 얘기했다. 처음엔 나에 대해 막말 비슷하게 하시던 학교장 태도가 갑자기 돌변했다.

이용기 교사가 학교생활을 열심히 하니 앞으론 개별적 압박을 하지 않겠다는 말씀을 해 줬다. 이후 학교 내에서는 전교조 활동에 큰 어려움이 없었다.

교사를 투쟁으로 내모는 신자유주의 경쟁 교육

1995년 5.31 교육개혁안이 발표됐다. 한국교육의 시장주의적 패러다임 전환을 제안하고 이후 경쟁 중심 한국교육의 방향을 제시한 정책이었다. 신자유주의적 경쟁 교육은 한국교육의 지배적 이념과 실천의 기준이 됐다.

2001년 정부는 '교직발전종합방안'에 따른 성과급 도입을 추진했다. 교사들은 교직에 들어오는 성과급이 교사들을 경쟁에 몰아넣고 정리 해고의 단초가 될 것이라며 강하게 반발했다. 그래서 진행된 게 '전교조 연가 투쟁'이었다.

전교조는 '교원노동조합법'에 따른 교원노조로 파업권이 없다. 단체교섭도 제한돼 있다. 파업권이 없는 교사들은 정부 정책에 대한 반대 투쟁의 일환으로 교사 개인이 연가를 내고 집회에 참석하는 연가 투쟁이라는 방법을 사용한다.

전교조가 연가 투쟁을 전개하자 교육부에서 연가 투쟁이 불법이라며 연가를 허용하지 말라고 지침을 내렸다. 그러자 학교에서는 연가를 내려는 교사와 결재권자와의 갈등이 빚어졌다.

탈퇴서 소동으로 전교조 활동은 자유롭게 할 수 있으나 불허 공문에 따라 연가 결재를 내 줄 이유가 없다는 입장의 교장 선생님께 연가 결재를 요구해야 했다.

나는 "교장 선생님 서울 성과급 투쟁 가는데 연가를 부탁드립니다" 말하고, 교장 선생님은 "불법이라고 공문이 내려와 연가는 못

내 준다" 하신다. 그러면 "연가 요청을 했으니 무단결근은 아닙니다"라며 사유로 전교조 연가 투쟁을 쓰고 연가를 나갔다.

원래 파업은 공장을 멈추기 위해 하는 것이다. 물품 생산이 아니고 학생들 수업이다 보니 교사 대부분은 수업 교체를 통해 학교 운영에 지장이 없도록 조치를 하고 연가를 낸다.

그런데도 법원에서는 연가 투쟁을 불법이라 판결한다. 성과급 균등 분배와 연가 투쟁을 불허하는 행정 행위에 대해서만 관대한 법원의 판결은 이해되지 않는 측면이 있다.

2016년 3월 14일 본부 전임자
삭발투쟁

니 옷을 니가 입는데 왜 벌점 받아야 해?

벽걸이 선풍기 두 대 아래서 진행한 보충수업

교육 운동을 하면서 학력 경쟁에 대한 반대입장을 많이 표했다. 그런데 시골 고등학교는 공부하고 싶어도 할 곳이 없는 경우가 가끔 있다.

1993년 발령 초기의 일이다. 경력이 많은 영덕 출신 영어 선생님은 그런 학생들이 신경이 많이 쓰이셨던 것 같다. 당시 읍 지역에 있던 영덕여고는 1학년 보충수업을 하지 않았다.

영어 선생님이 여름방학 중 영어를 보강할 생각이 있는 학생들을 한 학급으로 만들어 수업료 없이 자율적으로 수학 보충수업을 해 주면 좋겠다고 했다. 여름방학, 특별한 계획도 없고 학생들이 공부하고 싶다면 여건을 마련해 주는 게 좋겠단 생각에 수업을 같이 진행했다. 강제로 하는 보충수업이면 생각을 많이 했을 텐데.

여름 보충수업은 쉽지 않았다. 양쪽 벽에 벽걸이 선풍기 두 개가 전부인 냉방 시설에서 학생들을 모아 보충을 하는 일이 만만치는 않았다. 기간이 길지 않았고 선풍기가 겨우 들어오던 시절이니 더위를 같이 견딘 학생들이 어땠는진 모르겠다. 조건이 비슷하면 당연한 것으로 견디는 집단의 힘이 생길 수도 있지만 나름 어려움이 많았을 것이다.

방학이 끝날 무렵, 미안하셨는지 영어 선생님은 학생들이 형편 닿는 대로 낸 수업료 일부를 챙겨 주셨다. 받지 않고 한다고 했는데 민망하기도 하고 난감한 상황에서 억지로 받았다. 자율적으로 형편껏 내니 동전도 있고 지폐도 있었다.

지폐 일부를 챙겨 주시는 마음에 감사하기도 하고 복잡한 감정이 들었다. 학생들 성적에 큰 가치를 두는 것 같아서 썩 동의되지 않는 부분도 있었으나 학생들을 향한 열정은 참 컸던 분이었다.

처벌의 대안으로 자리 잡은 상벌점제

학력 경쟁 얘기를 하다 보니 상벌점제 생각도 떠오른다. 전교조 법외노조로 해고된 후 2021년 여자중학교로 복직했다. 평가체계와 학교폭력 등 많은 것이 변해 있었다. 체벌이 금지되었고 상벌점제가 일상이 되었다. 담임이 아닌 교사들이 요일별로 당번을 정해 아침 등교하는 학생들의 복장과 지각 상황을 체크한다. 지적받는 학생에게 벌점을 부여하는 제도가 상벌점제다. 나는 벌점제에 대해 교육적 의미를 느끼지 못했다. 그래서 아침 현관 지도 때 학생들과 인사를 나누겠다고 생각하며 서 있었다.

학생들은 당연하다는 듯 아침 등교 시간에 지적을 받지 않기 위해 교복이나 용의에 신경을 쓰고 있었다. 이전보단 많이 완화되었다곤 하나 두발 길이 말곤 자율성이 크지 않았다.

어느 날 한 학생이 "제 복장에 이런 문제가 있는데 벌점 안 줘요?"라고 물었다. 나는 "니 옷에 관심 없다. 니 옷을 니가 입는데 왜 벌점을 받아야 해?"라고 말했다.

학교는 단체 생활인데 혼자만 벌점 주지 않으면 형평성과 질서 문제는 어떻게 하는 게 좋은가 고민이 되었다. 하지만 벌점제도는 학생 행동의 의미를 생각하기보다 점수만 남긴다. 숫자가 가지는 힘이다. 학생이 왜 그런 행동을 했는지 성찰하거나 관계를 회복하는 건 숫자에 가려 표현되지 않는다. 규칙 준수 이유가 규범을 이해하고 동의해서가 아니라 벌 점수를 받지 않기 위해서가 돼 버린다. 또 상벌점제는 같은 행동이라도 교사·상황·학교에 따라 점수 부여가 달라질 수 있다. 규정이 세밀해지면 형식주의 문제가, 느슨해지면 자의성 문제가 생기고 학생은 이를 불공정한 처벌로 인식한다. 그래서 벌점을 자기 행위에 대한 합당한 결과로 인정하지 않는 경우가 많다. 그럼에도 불구하고 상벌점제는 체벌의 대안으로 학교에 일반화되었고 학생들도 당연한 것으로 받아들인다. 상벌점이란 숫자가 객관으로 둔갑하는 현실에서 교육이 설 자리는 어디일까.

쿨하게 한 대 때리고 끝내지요

한 대 때리라며 울음을 터뜨리는 학생

31년 교사 생활 동안 이런저런 사연으로 전교조 사무실에 근무하는 전임생활을 많이 했다. 학교 현장이 변화를 겪는 시기여서 전임생활 후 다시 학교생활을 할 때는 큰 변화를 느끼곤 했다.

첫 번째 전임생활 후 학교로 돌아간 것이 2009년이었다. 1학년 담임을 할 때였는데 학교생활 단절의 경험 때문인지 아니면 학생들이 변했는지 적응이 쉽지 않았다.

2000년대 들어서면서 고3 진학 지도보다 고1 적응 지도가 더 어렵다는 말이 돌았다. 중학교와 고등학교 분위기가 다르고 사회적으로 요구되는 규범의 차이가 있어서이리라.

해가 갈수록 학생들이 상급 학교에서 요구하는 규범을 지킬 의향이 낮아지는 것 같다. 참을성 문제로 봐야 할지 시대 변화를 따라

가지 못하는 규범 문제로 봐야 할지 여전히 고민이다.

고등학교 담임을 맡으면 아침조례 땐 기본적인 전달 사항이나 출석 체크를 간단히 하고, 오후 종례 땐 여러 가지 해설적 전달과 조사 등을 하곤 한다. 3월 어느 날 종례를 하던 중 한 학생이 교사 말에 아랑곳하지 않고 계속 얘기를 했다.

종례 시간에는 선생님 말이 끝나고 의견을 말하면 좋겠다고 했는데도 계속 다른 얘기를 했다. 내가 전달한 사항을 확인하니 모르고 있었다. 다시 한번 확인시켜 주는데 엉뚱한 댓거리를 하길래 다시 얘기하는데도 대화 초점이 어긋난 답변을 했다.

학생들이 지켜보는 가운데 계속 논쟁을 할 수 없어서 마치고 얘기하자고 하고 종례를 마쳤다. 그 학생을 교사 휴게실로 불러서 하고 싶은 얘기가 뭔지 말하라고 했다. 그랬더니 또 대화 초점에서 벗어난 다른 얘기를 하는 것이다. 그래서 사실관계를 확인하며 너의 의견을 얘기하라고 했다.

또다시 다른 얘기를 하길래 다시금 상황을 복기시켰더니 귀찮아한다. 내가 "넌 고등학생이고 이런 과정에 대해 인식할 정도의 책임성을 가져야 한다, 네가 하고 싶은 말을 하라"고 했더니 돌아온 답변. "선생님, 쿨하게 한 대 때리고 끝내지요." 울음을 터뜨리는 학생 앞에서 대략 난감.

소통 통한 신뢰감 형성이 필요하다

나는 너를 체벌하고 싶지 않다며 상황을 한 번 더 정리했지만 말이 안 통할 것 같아 학생을 보내 줬다. 학생 인권에 대한 논의가 진행되면서 더는 체벌하지 않겠다고 마음먹은 터라 대화로 풀어가려 했는데, 이게 학생을 더 괴롭히는 건 아닐까 생각이 들었다.

이후 수학 수업 시간에 문제를 풀라고 해도 학생은 아무것도 하지 않았다. 옆에 가서 물어보니 선생님 얘기를 하나도 못 알아듣겠다는 답변. 수학은 언제부터 손을 놓았는지 물어보니 초등학교 고학년부터라고 했다.

초등학교 동생이 있으면 앞으로 수학 시간에 초등학교 수학책을 가지고 와서 풀다 모르는 게 있으면 질문하라고 하자 그렇게 하겠다고 했다. 그때 서로 소통된다는 걸 느끼며 신뢰감이 형성된 것 같다. 교사에게 여유가 있다면 좀 더 학생들과 공감할 수 있지 않았을까 하는 마음이 든다.

새로운 사회,
새로운 교육

계엄 속에서 호출된 한국교육

미래 준비도, 현재 행복도 보장받지 못하는 학생들

2025년 12.3 비상계엄은 실패로 끝났다. 민주주의 파괴 시도가 현재 우리나라의 절차적 민주주의 수준에선 가능하지 않다는 결과적 평가가 지배적이다.

2017년 탄핵정국에 이어 광장에 나온 시민들은 촛불과 응원봉을 들고 "계엄 철회", "민주주의 수호"를 한목소리로 외쳤다. 현대사에서 두 번 경험한 비상계엄의 폭력성과 역사의 후퇴를 용인할 수 없다는 의지의 표현이었다.

이러한 시대적 흐름 속에서 '민주주의 수호'와 함께 '한국교육'이 호출되었다. 교육 호출의 계기는 세 가지였다.

첫째, 비상계엄 국면을 거치며 학교에서 민주시민 교육을 강화해야 한다는 요구. 둘째, 2024년 말 경북의 한 고등학교가 뉴라이트 한국사 교과서를 전국에서 유일하게 선택해 수업하는 상황에서 대두된 역사교육의 중요성.

셋째, 서부지법 사건에서 2030 청년들이 다수 연행되는 것을 계기로 청년 극우화가 강화되는 현실. '리박 스쿨'을 통해 극우 세력이 학교와 청소년교육에 충격을 가한 상황도 한몫했다.

해방 후 우리 사회는 교육에 대한 제한은 없지만 교육의 평등은 이루어지지 않고 있다. 교육의 결과인 사회적 지위와 임금에서 불평등이 나타나는 주원인으로 학벌 사회를 꼽는다.

대학 입시로 획득되는 학벌에 자기 미래가 결정된다고 믿는 구조가 고착되면서 입시 경쟁은 더 심화되었다. 학생들은 미래 준비도, 현재 행복도 보장받지 못한 채 고통 속에 내몰리고 있다.

현재 한국교육은 입시가 인생을 결정하는 교육체제다. 사회 불평등이 심화되고 청년들의 미래 불확실성이 높아지는 사회구조 문제가 심각하다. 더불어 불평등을 확대 재생산하는 교육체제 문제도 부각되고 있다.

이제 우리 사회의 교육은 어디로 가야 할까. 계엄 이후의 새로운 사회에서 새로운 교육은 어떤 모습이어야 할까. '행복한 학교'를 위해 우리가 할 일은 무엇일까.

일제의 교육정책은 민족 말살 정책

한국 근대교육의 출발은 일제강점기의 식민 교육이라 할 수 있다. 일제는 통치 체제에 순응하고 일본 제국주의의 산업일꾼이 될 기능적인 인력을 양성하는 데 초점을 맞췄다.

한마디로 일제의 교육정책은 민족 말살 정책의 일환이었다. 한국어 교육은 축소되거나 금지되었고 일본어 교육이 강조되었다. 한국 역사와 문화를 가르치는 건 거의 불가능했다.

해방 후 미군정과 이승만 정권은 민주주의 교육 이념을 바탕으로 학교 제도를 정비하고 초등 의무 교육을 도입하는 등 교육의 양적 확대에 주력했다. 1950년 한국전쟁 이후 교육열은 뜨겁게 타올랐다.

교육법 제정, 학교 설립, 교과서 제작 등에서 국가 영향력이 절대적이었다. 단기간에 놀라운 교육 보급률을 달성하며 문맹률을 낮추고 기초 교육을 제공했다.

국가 주도의 양적 성장은 엘리트주의 교육과 서열화 교육의 형성으로 이어졌다. 당시 빈곤했던 사회에서 명문 학교와 명문 대학 졸업은 곧 사회적 성공을 의미했다.

모든 교육의 목표가 '입시'에 맞춰졌다. 전인적 성장을 통한 민주적인 시민 양성보다 입시 성공을 위한 무한 경쟁과 사교육 열풍이 나타났다. 교육은 이제 계급 재생산의 역할을 맡았다.

군부독재 시기 교육은 국가 경제 개발과 안보 이념의 최전선에 놓였다. 국가는 교육을 통해 국민을 체제에 순응시키고 산업일꾼으로 훈련하는 도구로 활용했다.

중앙정부가 교육의 모든 것을 결정하는 획일적인 중앙통제 시스템이 구축됐다. 교육부는 절대적인 권한을 행사했다. 교사 복장까지 통제 대상이 되면서 교육의 자율성은 크게 훼손됐다.

학생들은 비판적 사고보단 주어진 지식을 암기하고 국가 이념에 순응하는 태도를 강요받았다. 민주적 절차나 학생 인권은 제대로 고려되지 못했으며, 정권에 비판적인 내용은 가르치거나 논의하는 것 자체가 금기시됐다. 이는 학생들의 창의성과 자율성 발달을 저해하는 요인으로 작용했다.

대학 입시가 교육의 유일한 목표가 되면서, 시험 점수 획득을 위한 암기 위주 학습이 교육 현장을 지배했다. 이처럼 한국교육은 경제 성장의 원동력인 동시에 엘리트주의, 서열화, 통제, 획일성, 주입식 교육이라는 구조적 문제점을 보여 줬다. 해방 후 오늘날까지도 한국교육이 풀지 못한 숙제가 되고 있다.

5.31 교육개혁안: 교육 공동체성 파괴 정책

1995년 5월 31일 김영삼 정부는 「신교육체제 구축을 위한 교육 개혁 방안」을 발표했다. 일명 5.31 교육개혁안.

'21세기 지식기반사회와 세계화 시대에 대비한 신교육체제 구축' 이라는 거창한 비전 아래 지난 30년간 한국교육의 근간이 되었다. 교육을 상품으로 보고 기존 공급자(국가, 교사) 중심 교육에서 수요자(학생) 중심 교육으로 전환하겠다는 것이었다.

새로운 교육 패러다임으로 여겨지기도 한 교육개혁안은 신자유주의 경쟁 교육으로 한국교육 문제를 심화한 주원인으로 평가받고 있다. 대학 입시 경쟁의 극대화로 인해 학력 격차 및 교육 양극화가 갈수록 커지고 있다. 청소년 행복도는 OECD 국가 중 최하위권을 면치 못한다.

공교육은 입시 위주 교육에서 벗어나지 못하고, 학부모들은 자녀의 성적 향상을 위해 사교육으로 몰리는 악순환이 반복된다. 근본 문제는 대학 서열화라는 뿌리 깊은 구조에서 비롯하는 끝없는 입시 경쟁이다.

단순히 학습 방식의 문제를 넘어선다. 학교폭력, 관계 단절, 천문학적인 사교육비를 발생시키며 우리 사회의 건강성을 심각하게 위협하고 있다.

OECD, 유네스코의 교육개혁 보고서

OECD: 학습자 주도 교육

　최근 교육개혁에 관련된 국제단체들의 보고서가 제출되었다. 협력 중심의 교육체제, 대학 무상화-평준화, 학습자의 변혁적 역량과 평생 학습으로 확장되는 교육체제에 대한 제언은 지금 시대에 참고하면 좋을 듯하다.

　2018년 OECD는 학습자를 중심에 놓는 'OECD 교육 2030(OECD Learning Compass 2030)'을 발표했다. 기후 위기와 과학 기술 발달로 고정된 지식에 대한 교육의 한계가 제기되는 가운데, 미래를 살아갈 어린이와 청소년들이 변혁적 역량을 기르고 시민의 목소리를 내는 교육이 돼야 함을 강조한다.

　지속 가능한 발전과 포용성 등 미래 교육의 가치 내면화를 중요하게 본 결과다. OECD는 미래 교육을 위한 세 가지 핵심 방향을 제시한다.

첫째, 획일적인 교육에서 벗어나 학생 개개인의 관심과 능력에 맞춘 유연한 교육과정 운영. 둘째, 실제 사회 문제를 해결하는 프로젝트 기반 학습을 강화해 창의적 문제 해결 중심의 학습 실행. 셋째, 학교뿐만 아니라 지역사회, 기업, 대학 등과 협력해 실제 사회와 연결된 학교와 지역사회 연계학습 제공.

OECD 미래 교육은 단순한 지식 습득을 넘어, 학생들이 스스로 배움을 주도하고 변화하는 사회에서 적응하며 지속 가능한 미래를 만들어 갈 수 있는 역량을 키우는 것을 목표로 한다.

이를 위해 창의적 사고, 디지털 리터러시, 지속 가능성, 협력적 문제 해결 능력을 강조하는 교육이 필요하다고 본다. 이는 우리나라 교육개혁 의제에서도 중요하게 제시되는 방향이기도 하다.

유네스코: 교육의 공공성과 연대

유네스코는 2021년 '교육의 미래 보고서(Futures of Education: Learning to Become)'를 발표했다.

2050년 새로운 사회를 건설하기 위한 교육의 궁극적 목적과 역할에 대한 근본적인 질문을 던지고 있다. 즉 우리가 계속해야 할 것은 무엇인가?, 우리가 중단해야 할 것은 무엇인가?, 창조적으로 새롭게 만들어야 할 것은 무엇인가?

유네스코 보고서는 기후 위기의 심각성을 언급하며 기후 변화의 영향이 사회적 약자에게 더 치명적임을 강조하고 있다. 2050년대를 살아갈 미래의 청장년이 지금 학교에 다니는 세대라는 점에 주목해 그들이 맞이할 기후 위기에 대해 이제부터 준비 실천해야 한다는 것.

이를 지원하는 교사의 변혁적 역할도 제기한다. 기후 위기에 대한 절박성이 떨어지는 세대가 기후 위기의 직접적 영향권에 있는 미래 세대의 투쟁을 지원하는 것 자체가 쉽지 않은 일이다. 그럼에도 불구하고 교사의 변혁적 역할은 미래 교육 가치를 위한 핵심 자원이 될 수 있다.

'교육의 공공성'도 강조 사항이다. 교육은 개인 성공만을 위한 수단이 아니라, 모두가 동등하게 접근할 수 있는 기본권이자 공동체의 발전을 위한 필수적인 공공재이기 때문이다.

이를 위해 '평생 학습 및 포괄적 학습 시스템 구축'을 제안하고 있다. 학교, 가정, 지역사회, 직장 등 모든 공간이 학습의 장이 되고 모든 시민이 자신의 필요와 관심에 따라 자유롭게 학습할 수 있는 환경이 중요함을 강조한다.

점수가 역량을 가려 버린 현실

한국교육 현실은 어떤가. OECD가 강조하는 변혁적 역량은 한국

교육 현장으로 오면 대학 입시, 점수 경쟁으로 변질된다. 문제 해결력이나 책임감 있는 자세 같은 건 점수와 멀어서 학생들 관심 밖이다.

주어진 문제의 정답을 얼마나 빠르고 정확하게 찾아내느냐만이 중요하다. 수능 점수나 내신 등급 앞에서 창의성과 비판적 사고는 사치로 여겨질 뿐이다.

학습행위자 주도성을 강조하는 OECD와 달리 한국교육은 여전히 교사 주도, 지식 주입식, 획일적 평가 체제로 학생을 휘어잡아야 교육이라는 생각에서 벗어나지 못하고 있다. 모든 학생이 같은 교과서로 같은 내용을 공부하고 수능 시험을 통해 한 줄로 세워진다.

이탈하는 사람은 부적응자로 낙인찍혀 배제된다. 시키는 대로 잘 외우고 높은 성적을 받아 상위권 대학에 진학해 특권을 보장받는 것이 능력이고 미덕이 돼 버렸다.

한국 학생들은 전 세계적으로 학업 스트레스가 가장 높고 행복 지수는 최하위권을 다툰다. 밤늦게까지 학원에 매달리면서 '7세 고시'라는 용어도 생겼다. 7살짜리 아이가 유명 학원에 들어가기 위해 고시 같은 시험을 치르는 상황을 꼬집는 신조어다.

불확실한 미래에 기득권을 대물림하고자 친구들마저 경쟁자로 경계하는 현실에서 웰빙은 애초에 가능하지 않다. 학생들은 불안한 미래를 위해 점수 경쟁에 전사로 뛰어들어야 한다.

공공성 무너지고 사유화되는 교육

교육의 공공성을 강조하는 유네스코와 반대로, 한국교육은 갈수록 사교육 왕국이 돼 간다. 연 29조 원이 사교육비로 지출된다고 한다.

교육은 모두에게 열린 공공재가 아니라 돈 있는 사람만 누릴 수 있는 특권처럼 되었다. 사교육을 안 받으면 명문대 진학이 어렵다는 불안이 확산되고 교육 기회가 돈에 따라 좌우되는 상황이 심화된 결과다.

유네스코는 평생 학습과 포괄적 학습 시스템을 제안했지만, 한국은 여전히 초중등학교의 대학 입시 중심의 수직적 교육 구조로 운영되고 있다.

초중고 교육은 오직 대학에 진학하기 위한 준비 과정으로 인식된다. 상위권 대학 진학이 인생의 유일한 기회이며 대학 졸업장이 없으면 사회에서 성공하기 어렵다는 인식이 지배적이다.

그뿐만 아니라 유네스코는 교육을 통한 사회 정의 실현, 연대 촉진을 제안했다. 하지만 한국교육은 교육을 개인 문제로 제한한다.

교육은 사회적 불평등과 계층 간 격차를 확대 재생산하는 도구로 작동하고 있다. 사교육, 특목고, 학벌주의 등은 견고한 불평등의 사다리를 만들고 사회적 약자나 소수자는 교육 기회에서부터 소외되는 경우가 많다.

교육 문제는 미래 불안의 문제

능력주의로 포장되는 불평등

한국교육의 문제는 입시 경쟁의 문제로 보이지만, 미래의 불확실한 사회·경제적 지위에 대한 불안 문제로 귀결된다. 또 사회경제적 불평등이 제기되거나 기술과 자본 축적의 한계가 나타날 때 교육을 소환하는 경우가 많았다. 이를 이해하는 데엔 마르크스주의 교육론이 도움이 될 듯하다.

마르크스주의는 인간 사회를 경제적 토대(생산 관계)와 상부구조(법, 정치, 종교, 문화, 교육 등)로 구분했다. 경제적 토대는 상부구조를 규정하고 상부구조는 다시 토대를 유지 강화한다.

마르크스주의 교육론의 핵심은 '교육의 계급성'에 있다. 교육은 지배계급의 이데올로기를 재생산하는 기구로 결코 중립적이지 않고 지배계급의 이해관계를 반영 재생산한다.

학교는 중립적이고 평등한 공간처럼 보이지만, 실제론 자본주의에 필요한 규율과 가치관을 학생들에게 내면화하고 현존 질서가 자연스럽고 정당한 것처럼 가르친다는 것. 이를 통해 학교가 지배 계급의 헤게모니를 강화하고, 피지배 계급이 현재의 불평등한 사회구조를 당연하게 받아들이도록 유도한다고 했다.

교육은 중립적이지 않다

마르크스주의 관점에서 보면, 학교는 능력주의라는 미명 아래 개인 성패가 개인 능력과 노력에 따른 결과인 양 위장한다.

하지만 실제로는 상위 계급 자녀들에게 더 많은 문화 자본과 유리한 학습 환경을 제공한다. 반대로 가난한 가정 자녀는 성적과 무관하게 사회 하층으로 편입되거나 노동 계급에 필요한 단순 반복 노동에 익숙해지도록 교육받는다.

자본주의 사회는 지속적인 생산을 위해 새로운 노동력을 필요로 한다. 학교는 노동력을 숙련시키고 사회적 위계질서에 순응하는 복종적인 노동자로 길러내는 역할을 한다.

마르크스주의 교육의 목표는 노동 계급 학생들이 자신이 처한 현실과 불평등 구조의 본질을 깨닫고 자본주의 이데올로기에서 벗어나 노동자 계급 의식을 갖도록 교육하는 것이다. 즉 현실에 대한 비판적 시각을 키우는 데 중점을 둔다.

학습과 노동 연결하는 폴리테크닉 교육

마르크스주의 교육론은 소련, 동독, 중국, 쿠바 등 20세기 사회주의 국가의 교육체제를 설계하는 데 이론적 기반이 되었다. 이 국가들은 계급 없는 사회 건설이라는 이상을 교육을 통해 실현하고자 했다.

사회주의 교육의 가장 큰 특징은 모든 인민에게 교육 기회를 보편적으로 제공하고 교육과정이 무상으로 이루어진다는 점이다. 계급에 따른 교육 불평등을 해소하고 모든 인민이 평등하게 지식을 습득할 수 있는 권리를 보장하려는 의지의 산물이었다.

마르크스주의 교육론은 교육이 중립적이지 않으며 사회 구조적 불평등을 재생산하는 강력한 메커니즘으로 작용함을 지적한다. 교육의 시장화와 사교육 의존도가 높은 한국 사회에서는 교육의 공공성을 회복하고 모든 학생에게 질 높은 교육을 무상으로 제공하는 시스템 구축이 필요하다.

한편, 사회주의 교육의 핵심은 이론 학습과 생산 노동의 결합을 지향하는 폴리테크닉 교육이다. 학생들은 교실에서 지식을 배우는 동시에 공장이나 농장에서 생산 활동에 참여하도록 교육받았다.

생산 노동의 가치를 이해하고 이론과 실제를 겸비한 노동자로 성장하도록 하기 위함이었다. 이를 통해 노동 소외를 극복하고 전인적인 발달을 도모하며, 미래 사회에 필요한 숙련 노동자를 양성하고자 했다.

입시 경쟁 교육에 대한 비판이 높아지면서 최근 삶의 힘을 키우는 교육에 대한 논의가 활발하다. 폴리테크닉 교육은 입시 위주의 암기식 이론 교육에 치우친 우리나라에서 지적 교육과 생산 노동의 통합을 통해 전인적인 인간을 육성한다는 점에서 긍정적인 가치를 지닌다.

삶의 힘을 키우는 따뜻한 경북교육

교육 문제는 곧 청년/청소년 문제

대학 서열화와 맞물린 극단적인 입시 경쟁은 한국교육의 근본 문제다. 이를 해결하지 않고는 어떤 교육개혁 시도도 통하지 않음을 우리는 경험을 통해 확인하고 있다.

모든 학생을 동일한 잣대로 평가하고 획일적인 교육과정을 운영하는 구조를 바꿔야 한다. 학생 개개인의 특기와 적성을 존중하고 다양한 재능이 발현될 수 있도록 평가 방식과 교육과정을 강화해야 한다.

경북교육청의 슬로건은 '삶의 힘을 키우는 따뜻한 경북교육'이다. 따뜻한 슬로건이다. 하지만 학교 현장은 삶과는 유리된 교육과정이 운영되고 있다. 코딩 교육이나 AI 교육 등이 앞다퉈 들어오면서 인간이 아닌 AI가 교육을 다할 것 같은 분위기가 만들어진다.

기술 변화는 받아들여야 하지만 학교는 기술적 역량뿐만 아니라 윤리적 판단, 공감 능력, 협업 능력 등 복합적인 역량을 키울 수 있는 교육과정을 운영해야 한다. 교육은 단순히 지식 전달을 넘어 학생들이 스스로 탐구하고, 질문하고, 소통하며 공동의 문제를 해결해 나갈 수 있도록 지원해야 한다.

이제 5.31 교육체제를 대체할 수 있는 새로운 교육 패러다임을 마련할 때다.

실패해도 다시 도전할 수 있도록

한국교육이 논의될 때마다 교육의 평등 문제가 제기된다. 즉 청년, 청소년 문제가 나타날 때마다 교육이 소환되는 상황이다. 교육 불평등 문제는 노동과 복지체계 문제, 지역 정책과 관련된 사회 전반의 인식과 구조 변화와 함께 고민할 때 해결될 수 있다.

그런데 교육의 정치적 중립성을 강조하는 정치권이 오히려 교육을 정치화해 혼란을 가중시킨다. 특히 정권이 교체되면 이전 정권의 교육정책은 모두 폐기된다. 백년지대계가 돼야 할 교육정책이 '5년지대계'가 되고 있다. 개혁을 하려 해도 현장의 동력을 만들어 내기 어려운 악순환이 반복되는 이유다.

국가나 지방자치단체는 교육을 지원하고 학생, 학부모, 교직원 등 학교와 마을이 주체적으로 구성돼 자율적으로 교육과정을 수행하고 성취할 수 있는 교육체제를 만들어야 한다. 이를 위해 지방자치에 맞춰 청소년의회를 구성하는 등 교육에 대한 의사결정 시스템을 새롭게 만들 필요가 있다.

승자독식의 경쟁이 아니라 함께 배우는 발달과 협력의 학습 환경도 구축해야 한다. 타인과의 상호작용 능력을 키우고 다양한 존재를 존중하는 감성을 키우며 창의적 문제 해결 능력을 기르기 위함이다.

성적이라는 결과물만을 중시하기보다 학생들이 경험하고 성장하는 자체를 중요하게 평가하고 지원하는 것도 필요하다. 실패해도 다시 도전할 수 있도록 기회를 주는 것도 교육의 역할이다.

행복한 평등교육을 위한 제언

스스로 학습하고 발달할 수 있는 입시

한국의 초중고 교육은 대학 입시에 종속돼 있다. 점수를 잘 받기 위한 암기 위주 학습과 무한 경쟁은 학생들의 사고력과 창의력을 말살하고 공부하는 즐거움을 빼앗는다.

입시 고통에서 벗어나기 위해 가장 시급한 것은 대학 서열 구조를 해체하고 입시 경쟁을 완화하는 것이다. 대학 무상화와 대학 평준화를 통해 고등 교육에 대한 접근성을 높이고, 학생들이 점수에 얽매이지 않고 흥미와 적성에 따라 공부할 수 있는 교육 환경을 만들어야 한다.

특히 고교학점제를 폐지하고 공통의 기초소양을 키워 미래에 적응할 수 있는 학생으로 발달할 수 있도록 교육과정을 운영해야 한다. 모든 학생이 대학에 진학해야 한다는 강박에서 벗어나 기술 교육, 예술 교육, 직업 교육 등 다양한 진로 경로가 존중받는 것도 중요하다. 특성화된 직업 교육 과정을 확대하고 실무와 연계된 학습 기회를 늘릴 필요가 있다.

또 장애 학생, 다문화 학생 등 소수자 학생들도 차별 없이 통합된 환경에서 함께 배울 수 있도록 통합 교육을 확대하고 특수 교육에 대한 지원을 강화해야 한다. 모든 학생이 서로의 다름을 인정하고 존중하며 함께 성장하는 것은 학생 고유의 권리이기도 하다.

▶ 구체적인 실천과제
- 대학 무상화와 재정의 안정성
- 대학통합네트워크를 통한 대학 평준화
- 내신 절대평가, 수능 절대평가와 고등학교 자격고사화, 논술 도입
- 지역인재 할당제 확대
- 대학의 공공성 인식 확산 (80년간 사적비용 부담과 결과독점 구조에 대한 인식 변화)
- 언제나 배움이 이어질 수 있도록 평생 학습체제 구축

공정한 평가와 디지털 리터러시

학교에서 평가는 서열화나 선발이 아니라 배움과 발달을 지원하는 교육적 도구가 돼야 한다. 하지만 한국교육의 목적은 수능과 내신이라는 획일적 잣대로 학생들을 줄 세우고, 서열화된 대학이 요구하는 변별력을 확보하는 것처럼 보인다.

수능과 내신의 성취 수준을 명확히 하여 성취도에 따른 절대평가 시스템을 구축해야 한다. 다양성을 존중하고 모든 학생에게 공정한 교육 기회를 보장하기 위함이다.

교육 불평등의 주원인은 사교육이다. 평가 체제를 정비하고 교육과정 운영 범위에서 평가가 이뤄지는 공교육 시스템을 구축해야 한다.

수능시험을 교육과정에 반영해 고등학교 졸업 자격시험이 되도록 해야 한다. 학교 시설과 기자재 현대화, 교사 1인당 학생 수 감축, 학급당 학생 수 감축 등은 교사와 학생 간의 상호작용 기회를 늘리고 과정 중심 평가를 가능케 한다.

지역별, 학교별 교육 인프라 격차를 해소하고 모든 학교에 필요한 교육 자원이 고르게 배분되도록 해야 한다. 또 디지털 기술 발달에 따른 활용 교육을 통해 인간관계 중심의 교육이 이뤄져야 한다. 기술 불평등을 해소하고 디지털 리터러시 교육을 강화해 학습자가 주체가 되는 교육이 이뤄질 필요가 있다.

> ▶ **구체적인 실천과제**
> • 국가 교육과정 대강화, 교육청, 학교 교육과정 확대
> • 수능의 자격고사화
> • 내신 절대평가
> • 교사의 관찰 및 주관평가 인정, 평가 방법 개발 및 연수
> • 사고력을 키울 수 있는 논술 평가, 평가 방법 개발 및 연수
> • 디지털 리터러시 교육

공동체에서 함께 꿈꾸는 미래

우리 교육은 무한입시 경쟁으로 학생들에게 엄청난 스트레스를 안겨준다. 청소년 행복 지수가 OECD 최하위권인 이유다. 교육의 목적은 학생들이 건강하게 발달하고 자신과 타인 그리고 공동체에서 함께 살아가며 행복한 미래를 만들어 가는 역량을 길러 주는 것이다.

무한 경쟁과 과도한 학습 부담을 경감하고 학생들의 충분한 휴식과 놀이, 수면을 보장하는 전인교육도 중요하다. 시험 기간이나 방과 후에도 학생들의 심리 건강을 관리할 수 있도록 상담체계를 마련할 필요가 있다. 예술, 체육, 동아리 활동 등을 적극적으로 장려해 스트레스를 해소하고 균형 잡힌 성장을 도모해야 한다.

정보통신기술의 발달로 대면 관계가 갈수록 줄어들고 있다. 공감 능력, 갈등 해결 능력, 자기 조절 능력 등 학생들이 건강한 사회 구성원으로 성장하는 데 필요한 사회 정서 역량을 강화하는 교육도 필요하다. 특히 학교폭력 문제는 응징적 대응을 넘어 관계 회복과 예방 교육에 중점을 두는 회복적 생활교육을 지향해야 한다.

▶ 구체적인 실천과제
- 회복적 생활교육과 상담 강화
- 마을 교육공동체 지원
- 민주시민 교육 강화

교육자치, 풀뿌리 민주주의의 중심

학생들 역시 주체적 개인으로 학교에 다니는 시민이다. 교육을 통해 사회 정의를 배우고 축적된 기술과 가치를 배워 미래를 준비하는 것은 학생 발달에서 중요한 부분이다. 학생들은 학교에서 시민으로서 학교 교육에 대한 주요 의사결정에 참여하며 민주시민으로 경험을 쌓아가야 한다.

특히 학령인구 감소로 폐교 위기에 놓인 학교는 지역 돌봄의 중심이 될 수 있게 해야 한다. 마을과 학교가 연계돼 마을 자치가 풀뿌리 민주주의의 모범으로 될 수 있도록 마을 교육공동체를 지원해야 한다.

청년들은 지역에서 전망을 찾기가 어려워 수도권에 몰리고 있다. 교육청이 지역 차원에서 블라인드 채용 확대, 직무 중심 채용 정착, 능력 중심 인사관리 시스템 구축, 지역학교 할당 등을 통해 학벌주의를 극복하고 역량이 평가받을 수 있는 고용 문화를 만들 필요가 있다.

그뿐만 아니라 중앙정부의 권한을 교육청으로 대폭 이양해야 한다. 이는 교육자치의 기본취지이기도 하다. 교육정책과 교육과정이 모두 중앙정부의 권한으로 돼 있어 자치적 의사결정을 통한 마을 공동체 형성이 쉽지 않다. 경직된 중앙집권적 교육행정 체계를 교육청과 학교로 이양해 학생과 교직원들이 학교 문제에 적극적으로 의사결정을 할 수 있도록 해야 한다.

이를 위해 교사들의 역량과 여건을 만드는 것이 중요하다. 교사들이 안심하고 교육 활동에 전념할 수 있도록 교육청과 학교 관리자는 민원과 행정업무를 축소해야 한다.

민원과 행정 업무 처리를 매뉴얼화하고 교사의 교육 활동과 업무 범위를 명확히 해 교직원 간 갈등을 줄여야 한다. 또 특수 교육의 범위를 확대하고 관련 교원을 증원해, 통합 교육의 가능성과 개별화 지원을 판단하는 속에서 교육 활동이 이루어지도록 지원해야 한다.

▶ 구체적인 실천과제

- 교육자치와 학교 자치 강화
- 지역 일자리 지역학교 할당제 확대
- 교원 정원 확대와 양성체계 개선
- 교원연수 강화
- 행정체계 매뉴얼화
- 특수교육 강화

새로운 사회, 새로운 교육

윤석열 정권의 뉴라이트 인사 폐해

새로운 교육체제를 위해 우리는 무엇을 해야 할 것인가. 교육은 학교와 학생의 문제다. 더 넓게는 사회 전체의 미래를 결정짓는 핵심 문제라는 점에서 모두의 문제다.

교육 활동의 결과는 늦게 나타난다. 장기적인 관점으로 사회적 공감과 공론화 속에서 국가 교육목표와 비전을 명확히 설정하고 외부 영향을 받지 않는 학생 발달과 행복을 위한 교육이 꾸준히 이뤄져야 한다. 학생들이 직접 참여하는 범사회적 교육개혁 협의체를 구성하여 공론화 과정을 통해 만들어야 한다.

우리나라는 국가교육위원회가 그 역할을 요구받고 있다. 하지만 국가교육위원회 구성이 정권과 정치권 중심으로 추천하게 돼 있어 문제다. 지난 윤석열 정권에서 뉴라이트 인사가 국가교육위원으로 임명돼 그 폐해가 극심했다.

국가교육위원회 개편을 공론화 과정을 통해 만들어 가야 한다. 거시적 교육정책을 중심으로 새로운 교육 로드맵을 수립하고 사회적 합의를 통해 교육정책의 일관성과 지속 가능성을 확보하기 위함이다.

교육 문제는 경제, 노동, 복지, 과학기술, 환경 등 다양한 사회 분야와 복잡하게 얽혀 있다. 특히 대학 평준화와 입시 폐지 문제는 우리 교육의 가장 큰 문제로 누구나 공감하고 있다. 사회적 공론화를 통해 학생들이 입시로부터 해방돼 행복한 학교생활을 할 수 있도록 해야 한다.

학생의 '스스로 성장'을 돕는 교사들

학생 교육은 교사가 한다. 교사들이 형식적이고 획일적인 연수 대신 자신의 교육 철학과 전문 분야에 맞춰 자율적으로 역량을 개발할 수 있도록 교원연수 과정을 개발하고 지원해야 한다.

AI 활용 교육, 사회 심리 학습, 교과 전문성 교육, 미래 역량 교육 등 급변하는 교육 환경에 필요한 전문성을 키울 수 있도록 맞춤형 연수 프로그램과 기회를 충분히 제공한다. 또 자발적인 학습동아리 활동을 통해 소통과 전문성을 기를 수 있도록 해야 한다.

교사들이 수업과 학생 지도에 집중할 수 있도록 행정업무를 줄이고 교육행정 전담 인력을 확충한다. 교사가 학생들과 더 많은 시간을 보내며 스스로도 성장할 수 있도록 지원해야 한다.

또 다양한 교수학습 방법을 개발·운영할 수 있도록 교육과정의 자율성을 보장해야 한다. 교사의 창의성과 전문성을 인정하고 합리적인 처우와 보상을 통해 다양한 경험을 가진 사람이 교직에 유입되는 것이 필요하다.

나아가 학교 담장을 넘어 지역사회가 유기적으로 연결된 마을 교육공동체를 만드는 것도 중요하다. 학교는 지역사회의 배움 플랫폼 역할을 하며 마을 자체가 교육공간이 돼야 한다. 즉 지역 주민의 평생 학습을 지원하는 기관으로 지역 공동체의 활력소이자 배움의 중심이 돼야 한다.

지역 주민을 위한 강좌와 문화 활동, 체험 프로그램 등이 필요하다. 이야말로 마을 교육공동체가 풀뿌리 민주주의를 실현하며 중앙 주도 교육정책에서 벗어나 교육자치를 실현하는 방식이다.

디지털 접근 위한 AI 학습 시스템

AI 기반 학습 시스템을 교육에 도입해 학생 스스로가 자신에게 맞는 방법으로 학습하며 자기 주도성을 기를 수 있도록 지원하는 교육이 도입되고 있다. 기술 발달에 따른 불평등이 생기지 않도록 모든 학생이 안정적인 인터넷 환경과 스마트 기기에 접근할 수 있

어야 한다. 기술의 단순한 활용을 넘어 디지털 정보를 비판적으로 판별하고 올바르게 활용하며 디지털 윤리를 지키는 능력을 길러야 한다.

관료 통제교육과 입시 경쟁 교육이 사회적 쟁점화된 것도 40여 년이 넘어간다. 정권 탄압 속에서도 촌지와 교육비리, 입시 경쟁 교육, 교원 노동조합 활동, 평화통일 교육, 교권 문제, 7차 교육과정, 교원의 정치 활동의 자유, 학교 비정규직 노동권, 교원평가와 성과급, 학교폭력, 학생 안전 문제까지 많은 교육 의제들이 이슈화됐다.

교육 모순을 극복하기 위한 교육 시민단체들의 활동에도 불구하고 한국 사회의 교육 문제는 심화되는 형국이다. 새로운 교육체제를 위한 교육 시민사회단체 활동으로, 국가교육위원회 개혁과 새로운 교육체제 수립을 위한 공론화가 진행돼야 한다. 입시 경쟁 교육에서 교육의 공공성과 공유재로 인식을 전환하는 캠페인과 입시 폐지, 대학 무상화-평준화 활동도 필요하다.

또 교원의 정치 활동 자유와 청소년의회 구성 활동을 통해 정치적 의사 표현이 일상화돼야 한다. 마을 교육공동체 활동으로 풀뿌리 교육공동체를 만들고 지역과 소통하는 생활교육을 모색해야 한다. 생태교육과 민주시민교육을 강화해 지속 가능한 시민의 민주주의를 확장하고 임금 차별을 완화하는 등 교육 결과의 평등을 위한 모색도 필요하다.

교사 아닌
기자 이용기의
취재 수첩_
뉴스풀 기사
가운데

【서평】

5년 동안 읽고 쓰는 서평

『회사가 사라졌다』

싸우는 여자들 기록팀 또록,

파시클 출판사, 2020. 11. 30.

민주주의도 행복도 그것을 꿈꾸며 함께 싸우고 살아가는 사람들 속에서

『회사가 사라졌다』라는 책은 필자에게 굉장히 무겁게 다가왔다. 책이 나온 시기 때문인지, 아니면 살아온 이력이 겹쳐서인지 확실하지는 않다. 서평 요청을 받고 5년 넘게 나를 누르고 있던 서평을 이제 쓰려고 한다.

전교조 법외노조 시기에 전임으로 활동하던 중, 2020년 10월 즈음 가끔 서평을 부탁하던 작가로부터 '싸우는 여자들 기록팀 또록'에서 지은 『회사가 사라졌다』라는 책이 출판되었다며 서평을 부탁받았다. 그래서 여느 때처럼 별 부담 없이 "그러지요."라고 했고,

얼마 후 책이 집으로 배달되었다. 책을 읽어 내려가는데, 읽기가 너무 힘들었다. 『회사가 사라졌다』는 여성노동자의 시각에서 쓰인 책이다. 나이 많은 여성노동자들의 노조 활동과 정리해고, 그리고 정리해고에 맞선 투쟁에 관한 내용이었다.

우리 사회가, 회사가, 가정이 나이 많은 여성노동자를 이용하고 해고하는 과정이 너무나 적나라하게 기록되어 있었다. 말 그대로 '기록'이다. 회사의 관리자들은 평소에는 '가족'이라며 이윤 추구에 이용하다가 경제가 어려워지면 여성노동자는 '가장'이 아니라는 이유로 먼저 해고한다. 노조 활동을 하면 "못 배운 여자가 무슨 노조냐"는 말이 돌아오고, 사장은 "노조를 인정하느니 차라리 회사를 닫겠다."고 하며 실제로 회사가 사라지는 경우도 많다.

사장의 돈벌이를 위해 주는 만큼만 받고, 임금이 삭감되어도 말 없이 일하면 가족이라 불리는 나이 많은 여성노동자들의 노동 현실과 투쟁은 너무나 처절했다. 나이 많은 여성노동자를 아르바이트를 하는 존재쯤으로 여기며 임금을 마음대로 삭감해도 되는 대상으로 대하지만, 현실에서 여성들은 이런저런 사연으로 가장의 역할을 떠맡아야 하는 경우가 많다. 이 책은 노동자의 동료애와 인간답게 대우받은 경험 등 노동자들의 삶에 대한 구술을 정리한 기록이다.

그런데 나는 왜 이 책을 읽는 동안 마음이 그렇게 무거웠을까. 곰곰이 생각해 보았다.

하나는 어린 시절 누이들에 대한 기억 때문이다. 가난한 시골집 3남 4녀 중 맏아들로 자란 나는, 두 누나와 두 여동생이 초등학교와 중학교를 졸업하자마자 식모살이와 섬유공장으로 향해야 했던 모습을 보며 자랐다. 산업체 중·고등학교를 다니는 과정이 얼마나 힘들었을지 짐작조차 어려웠다. 노동 현실과 가정에 대한 보탬을 강요받으며 겪었을 누이들의 고단함과 심리적 고통이 이 책을 통해 다시 떠올라 무겁게 다가왔다.

섬유공장의 직포과가 얼마나 더운지는 대학교 시절 야학을 하며 섬유 노동자들의 노동 현실을 접하면서 실감하게 되었다. 그때 나는 우리 가정 형편에 가서는 안 될 대학에 고집을 부려 진학했고, 계속 공부하고 싶다는 욕심을 부리는 나 자신이 참 한심하게 느껴졌다. 누이들의 임금과 소작으로 겨우 가족의 양식을 마련하던 형편에서, 논을 팔아 대학을 계속 다니는 것이 과연 의미가 있는 일인가를 많이 고민했다. 그런 상황에서도 아르바이트나 경제활동을 해야 한다는 생각을 충분히 하지 못한 채 진학한 처지를 잊고, 야학을 중심으로 노동운동과 관계를 맺으며 기생적인 생활을 했다는 자책도 따라왔다.

당시 누이들의 노동 현실은 대공장이었기에 상상 속에서만 그려졌지만, 중소 영세 사업장에 다니던 야학 노동자들의 현실은 참으로 열악했다. 회사에서 폭행을 당하기도 하고, 가정이 안정적이지 못해 회사 생활이 들쭉날쭉해지며 또 다른 문제가 반복되었다. 노동자들은 자신의 의지와 무관하게 낙인찍히고 폭행당하며, 이른바 안정적인 삶과는 거리가 멀 수밖에 없는 구조 속에 놓여 있었다. 절망하기도 했고, 바꿔 보자는 의지를 다지기도 했다. 그런데 35년이 훌쩍 지난 오늘날에도 나이 든 여성노동자뿐만 아니라 비정규직, 이주노동자들의 현실은 크게 달라지지 않았다는 생각이 들었다.

또 다른 이유는 법외노조 투쟁을 돌아보며 정규직 교사의 해고와 비교하게 되었기 때문이다. 서평을 부탁받아 책을 받았을 무렵은 전교조 법외노조 문제가 대법원 판결로 마무리되어 투쟁이 승리하고 원직 복직을 앞두고 있던 시기였다.

전교조는 합법화 이후 조합비 체계가 전국 단일 구조로 갖추어져 있었고, 조합비로 해고자들의 활동과 생활비를 지원할 수 있었다. 그럼에도 불구하고 만나는 사람마다 "해고자라서 어렵지?"라며 위로와 연대의 마음을 건넸다. 필자는 해고 생활이 힘들지 않느냐는 질문에 "전임생활의 연장일 뿐"이라며, 그다지 어렵지 않다고 답하곤 했다.

하지만 이 책을 읽으며 해고 철회를 위해 싸우는 나이 많은 여성노동자들은 생활비 지원조차 제대로 받지 못한 채, 회사가 사라진 뒤에도 노동자의 자존심을 부여잡고 끝까지 투쟁하고 있었다. 그 모습을 보며 전교조의 투쟁은 불안정하긴 했지만, 상대적으로 안정적인 투쟁이 아니었을까 하는 생각이 들었다.

투쟁을 좋아서 하는 사람이 누가 있겠는가. 사회 부조리와 불평등에 대한 저항으로 투쟁을 해야 한다면, 그 과정만큼은 서로를 의지하며 즐겁게 버텨 내려는 마음이 필요할 것이다.

20대 시절의 부채 의식 때문인지, 괜찮다고 말하면서도 해고 생활이 남긴 짓눌림 때문인지는 아직 잘 모르겠다.

폐업한 회사를 상대로 싸우는 여성노동자들의 처절하면서도 유쾌한 연대의 모습을 보며, 상대적으로 풍족했던 전교조 투쟁의 경험이 젊은 시절 누이들의 희생 위에서 학교를 다녔던 나 자신의 모습과 겹쳐졌다. 그 과정에서 누이들에 대한 부채 의식이 다시 소환되었다.

더불어 프롤로그부터 성평등 관점이 예리하게 녹아 있어, 내가 무심코 지나쳐 왔던 의식의 저변까지 콕콕 짚어 주었다. 붉은 표지의 책답게 인권적 관점이 문장마다 스며 있어 밑줄을 그으며 읽었다. 그런데 다시 보니 제목과 각주도 붉은 글씨이고, 화려하게 많이 그은 밑줄 역시 붉은색이다. 당시 유행하던 기념용 4색 볼펜이 손에 있었기 때문일 텐데, 묘하게 어우러진 모습이다.

나는 이 책을 통해 인생의 책 읽기를 했다는 느낌을 받았다.

다만 다른 이들에게 이 책을 강하게 권할 수 있을지는 잘 모르겠다.

묵직한, 나이 든 여성노동자의 노동인권에 대해 메시지를 전하는 이 책을 읽고, 5년을 넘겨 이제야 서평을 쓴다. 그 현실을 기록한 작가들의 마음은 또 얼마나 힘겨웠을까? 그 투쟁의 과정에서 함께 웃고 울 수 있었을까? 생각하게 된다. 민주주의에 완성형이 없듯, 행복 역시 완성된 모습은 없을 것이다. 민주주의도 행복도 그것을 꿈꾸며 함께 싸우고 살아가는 사람들 속에 있다. 싸우는 여성노동자들과 작가들 또한 그 과정에서 기쁨과 괴로움을 함께 나누며 연대해 나가길 바란다.

역사의 시간, 그리고 내란의 시간

권력기관과 사법기관, 모호한 태도로 역사 왜곡을 돕고 있나?

감사 결과에 따라 문명고 한국학력평가원 불량한국사교육 중단해야

지난 4월 28일 감사원은 ㈜한국학력평가원의 한국사교과서 검정과정에 대해 '검정 취소 등의 조치를 취하라'고 교육부에 감사결과를 통보했다. 국회교육위원회가 지난해 국정감사에서 ㈜한국학력평가원의 한국사교과서 검정과정의 문제를 제기하고 2024년 11월 29일 국회법1)에 따라 교육부와 한국교육과정평가원 한국사 교과서 검정과정에 대해 감사를 요청한 데 따른 감사결과이다. 감사원은 정해진 감사 기간 3개월이 경과한 2월 28일까지도 결과를 내놓지 못하고 2개월 연장을 요청하여 총 5개월 만에 감사결과를 발표했다.

2월 28일은 한국의 초·중·고·대학교의 학기 마지막 날이다.

3월 1일부터 새 학기가 시작된다는 말이다. 그런데 국정감사에서 다룬 내용을 중심으로 감사를 진행한 감사원이 학교현장의 시급한 학사일정은 고려하지 않고 정치 상황을 살피며 시간만 보내고 있었던 것은 아닌지 의심스럽다. 한국학력평가원의 '불량한국사교과서'로 문명고 학생들이 수업을 시작하면 학기 중간에 감사원이든 교육부든 검정에 대한 문제가 불거질 것이 예상되는 상황이었다. 학기 중 교과서를 바꿔야 하는 혼란 상황이 발생할 수 있었는데도 일부 시민사회단체들 외에는 문제의 심각성을 고려하지 않는 것 같았다. 그렇게 학생의 학습권 보장을 주장하던 교육부와 경북교육청, 그리고 문명고등학교는 교과서 내용 오류와 검정과정의 심각한 문제가 제기되었음에도 ㈜한국학력평가원의 불량한국사교과서 수업을 고집하고 인정하였다.

법원 또한 새로운 학기, 불량한국사교과서 수업으로 인한 문제에 대해 대책위원회가 1월 9일 자로 한국사교과서 선정 취소소송과 집행정지 가처분 신청을 했음에도 불구하고 뒷북치듯 4월 28일 가처분 기각 결정을 내렸다. 법원 결정은 시기의 문제와 더불어 감사원과 같은 날 상반된 판단으로 시급히 중단해야 할 문명고 불량한국사교과서 수업 연장에 대한 빌미로 작용하는 모양이 되었다.

4월 28일 감사원은 교육부·평가원의 역사교과서 검정 관련 규정 위반 여부 감사결과에서 한국교육과정평가원에 "교육부 직원의 저작자 제한요건(평가원의 검정 신청 안내 자료)은 검정 심사

5월 14일 감사원 감사 결과에 따라 문명고 앞에서 개최한 한국학력평가원 불량한
국사교육 촉구

기본계획(교육부)이나 검정실시 공고(평가원)에 없었으므로 주식
회사(출판업체)의 역사교과서 집필에 교육부 직원이 참여한 것을
규정 위반으로 단정하기 곤란"하다며 오히려 "평가원이 검정 신청
안내 자료에 검정 심사 기본계획 및 검정실시 공고에 없는 저작자
제한요건을 포함시키는 일이 없도록 업무를 철저히 할 필요가 있
었음"이라며 평가원에 주의를 요구했다.

　교육부에는 "(주)한국학력평가원이 2007년 역사 문제집의 표지
만 교체하여 2023년 문제집으로 제작한 것은 출판실적 기준을 충
족하지 못한 것으로 판단되고 이에 대한 적정한 조치 필요"하다며

「교과용도서에 관한 규정」 제38조2) 1호에 따라 적정한 조치를 취할 것을 통보하였다.

지난 12.3 비상계엄으로 엄중한 시기 내란세력들의 역사 왜곡 시도는 대한민국의 권력기관과 관료들, 그리고 추진세력에 의해 계속 진행되고 있었다. 4.28 감사원 감사결과가 공개된 이후에도 교육부는 통보에 따른 내부절차를 들어 학생들의 수업을 중단시키는 등 적극적인 조치를 취하지 않고 있다. 이에 발맞춰 문명고등학교 학교장은 "교육부에서 감사결과를 받아 검정 취소가 되지 않는 한에서는 현재 교과서를 계속 쓰겠다."며 언론에 밝히고 있다.

이 정도면 불량한국사교과서에 대한 사명감의 발로처럼 보인다. 유독 윤석열정권이 불량한국사교과서를 추진하는 과정에서만 교사의 교육권과 학생의 학습권을 이야기하며 불량한국사교육을 강행하고 있다. 2017년 국정교과서 연구학교 추진과정에서는 국정교과서의 역사 왜곡 문제를 제기하며 연구학교 업무를 거부한 역사교사를 징계한 것을 보면 저들의 선택적 교권, 학습권 보장이 지극히 자의적임을 알 수 있다.

2024년 8월 한국사 교과서 검토본이 나오고 민족문제연구소에서 전문가들에게 의뢰하여 3일 동안 한국학력평가원 불량한국사교과서를 검토한 결과 사실관계나 표기 오류 등 문제점이 338가지 발견되어 논란이 되었다.

그러나 교육부, 경북교육청, 문명고는 이런 문제에 대해 전혀 개의치 않고 한국학력평가원 불량역사교육을 흔들림 없이 추진하였다. 추진과정에서 학교운영위원회 공지를 하지 않아 학부모 의견 개진권은 원천적으로 차단되었다.

문명고 친일독재미화 불량한국사교과서 선정 대응을 위한 대책위원회(이하 '문명고 대책위')의 운영위원회 절차 문제 제기에 대해 경북교육청은 형식적으로 보완 지시를 하고 이에 따라 추진된 문명고 학부모 설명회도 자체적으로 하루 전에 취소하는 등 보완은 이뤄지지 않았다.

문명고는 오히려 법원에 제출한 교과서 선정취소 가처분 소송에서 현재 3학년 학부모인 원고 적격성을 다투는 행태를 보이고 있다. 지난해 2학년이었던 학부모가 한국학력평가원 한국사 선정취소 원고로 참여한 데 대해 한국사는 1학년 학생들이 수업하는데 3학년 학부모들은 직접 당사자가 아니라는 논리인 셈이다. 그럼 지난해 입학하지도 않은 학생의 부모들이 입학을 예측하고 한국사 교과서 채택 취소를 구하는 소송을 진행하라는 것인데, 이는 학교를 개별학생들로 분절화시켜 보자는 시각이다. 그런 논리라면 2, 3학년 학부모위원으로 구성된 학교운영위원회에서 결정하는 것도 문제를 삼아야 할 것인데, 학운위 절차위반은 경상북도교육청의 시정 지시도 집행을 하지 않으면서 스스로 모순적 행태를 보이고 있다.

왜 이렇게 권력기관과 사법기관이 역사 왜곡에 대해 모호한 태도로 지원하고 있는가? 후기자본주의 파시즘에 대해 제도의 문제는 일정 정도 해소되었다고 주장하며 내면의 파시즘을 강조하지만, 우리 사회에서는 아직 제도의 집행에 남아 있는 파시즘의 흔적을 발견할 수 있다. 감사원 공무원들이 윤석열 파면이 확정되지 않은 속에서 감사결과를 내기 어려웠는지 의문이다.

비교적 언론을 통해 문제점이 많이 드러난 사안에 대해, 그리고 3월 새 학기가 시작되는 시급한 사안에 대해 감사 기간을 늦추면서까지 감사를 진행하는 것에서 눈치 보는 권력기관의 모습을 볼 수 있다. 더구나 같은 날 가처분에 대한 상반된 결정을 하며 뒷북을 치는 법원의 모습은 왜 뒤늦게 가처분에 대한 결정을 하는지 의아스럽기까지 하다. 총체적으로 주권자인 시민들의 의식이나 전문성을 따라가지 못하는 모습을 보였다.

감사원 공개문에서 교육부는 한국학력평가원의 표지 갈이 문제에 대해 "출판실적 기준은 발행사의 최근 출판 경험을 확인하기 위한 것이 아니라 형식적으로 책 실물을 제작할 수 있는 능력만을 보기 위한 요건이라고 해석하면서, 한국학력평가원의 2007년 문제집의 표지만 교체하여 2023년 문제집을 제작하였더라도 검정실시 공고에 따라 발급받은 납본 증명서를 평가원에 제출하였기 때문에 출판실적 기준을 충족하였다고 인정하여야 한다"는 사유로 별다른 조치를 하지 않았다고 답변하고 있다. 자신들이 집행한 행정행위를 방어하려고 자신들이 2008년 발행사의 자격요건을 강화하기 위

5월 21일 문명고
앞. 아침 등교시간
피켓팅

하여 교과목별 기준을 신설한 취지를 스스로 부정하는 답변을 하였다. 출판실적을 책 실물 제작능력만 본다고 하면 대학교 앞 복사집도 교과서 출판에 뛰어들 수 있다고 주장하는 꼴이다. 스스로 교육 공무원이길 포기하는 행태는 참으로 민망하다.

국회와 언론, 시민사회단체에서 한국학력평가원의 불량한국사교과서 검정과정의 문제를 제기했으나 이주호 교육부 장관은 문제가 없다는 입장을 보였다. 정권이 교체되면 한국학력평가원의 불량한국사교과서는 검정취소 될지도 모른다. 지난 2017년 한국사교과서국정화 문제에서 드러났듯이 이제 역사전쟁의 현장이 학교로 옮아간 현실이다. 2008년 대안교과서를 제출하며 시작된 뉴라이트세력의 친일독재 미화 불량 역사교육 시도는 계속될 것이다. 민주주의와 역사에 대한 문제는 항상 현재 진행형이다. 사회 세력 간 역사와 반역사가 각축을 벌이고 있는 현실은 회화의 정도의 차이이지 항상 존재한다.

윤석열과 내란세력이 헌법에 대한 재해석을 시도했듯이 "3.1운동으로 건립된 대한민국임시정부의 법통과 불의에 항거한 4.19민주이념을 계승하고"라는 헌법전문이 부정되는 건국절 논쟁과 더불어 친일독재를 미화하는 역사왜곡 시도는 앞으로도 계속될 수 있다. 역사 왜곡의 시간 속에 내란시도가 있었다. 그래서 민주주의와 역사는 현재성으로 인식하고 계속 운동하는 것이 시민의 삶이고 상식을 지키는 길임을 확인할 수 있다.

지금도 문명고등학교 1학년 학생들은 윤석열정권이 추진한 한국학력평가원의 불량한국사 교과서로 3개월째 수업받고 있다. 감사원 감사결과가 발표된 지도 한 달이 가까워지고 있다. 상식이 통하지 않는 상황에서 문명고대책위원회는 지난 5월 14일 기자회견을 하고 또다시 감사원 감사결과에 따라 교육부와 경상북도교육청, 문명고등학교가 한국학력평가원의 불량한국사교육을 중단하라고 외치는 활동을 한다.

교육부는 감사원 감사결과에 따라 하루빨리 한국학력평가원 한국사교과서에 대한 검정취소 조치를 취하여야 한다. 가장 시급한 것은 3월 4일부터 시행 중인 문명고등학교 1학년 학생에 대한 불량한국사교과서 수업을 중단하는 조치를 취하는 것이다. 문명고는 이사장이나 학교장이 한국사 문제에 대한 기자회견이나 피켓시위를 할 때마다 학생의 학습권과 교사의 교권을 이야기했다. 불량한 국사교육은 학생들의 학습권 범위에서 벗어난다. 문명고등학교는 감사원의 감사결과에 따라 선제적으로 1학년 학생에 대한 불량한 국사 교육을 중단해야 한다.

법치의 상식이 있다면 이주호 장관은 그동안 한국학력평가원에 놀아나 학교현장과 검정체계에 혼란을 야기한 것에 대해 학생, 학부모, 교사와 국민에게 사과해야 한다. 그리고 한국학력평가원의 불량한국사교과서에 대한 검정을 취소하고 문명고등학교 1학년 학생에 대한 불량한국사 교육을 중단해야 한다. 한국학력평가원 출판사가 교육부의 검정업무를 방해한 부분에 대해 업무방해 혐의로 고발하고 이후 교과서 검정과정에서 혼란이 일어나지 않도록 검정제도를 투명하게 보완하기 바란다.

〈각주〉
1) 제127조의2(감사원에 대한 감사 요구 등) ① 국회는 의결로 감사원에 대하여 「감사원법」에 따른 감사원의 직무 범위에 속하는 사항 중 사안을 특정하여 감사를 요구할 수 있다. 이 경우 감사원은 감사 요구를 받은 날부터 3개월 이내에 감사 결과를 국회에 보고하여야 한다.
2) 제38조(검정합격취소 등) 교육부장관은 검정도서가 다음 각호의 1에 해당한 때에는 그 검정의 합격을 취소하거나 1년의 범위 안에서 그 발행을 정지시킬 수 있으며, 당해 교과용도서의 저작자에게 발행권 설정의 변경을 명할 수 있다. 〈개정 2008. 2. 29., 2013. 3. 23., 2023. 10. 24.〉
  1. 저작자 또는 발행자가 이 영 또는 이 영에 의한 명령에 위반하였을 때
  2. 내용, 체제, 지질, 사용환경, 주요기능 등이 검정한 것과 다를 때
  3. 저작자의 성명표지가 검정 당시의 저작자와 다를 때
  4. 그 밖에 검정도서로 존속시키기 곤란한 중대한 사유가 발생한 때

개령에서 처음으로 김단야와 김천의 독립운동가 추모식 열어

독립운동과 만세운동을 하신 육십여 분 가운데 독립운동가 두 분의 비석만…

김단야와 3월 24일 개령 첫 만세운동의 길을 따라 걷는 시간 가져

지난 3월 22일 김천에서 처음으로 개령면에 있는 '감문국이야기 나라 동부연당'에서 김단야(본명 태연泰淵)와 김천독립운동가에 대한 추모제가 처음으로 열렸다.

추모제는 김천지역 교육시민단체인 김천교육너머(대표 최현정)가 주최하여 김단야의 손녀인 김혜숙 님과 김현숙 님의 남편인 신한우 님, 김천시의회 의장을 비롯하여 김천과 안동 등 경북 여러 지역에서 100여 명이 참석하여 성황리에 진행되었다.

특히 독립운동가 김단야의 모교인 개령초등학교 학생들과 지역의 공부방 학생들이 참여하여 지역 출신 독립운동가의 업적을 기

리며 선열에 대한 편지글을 낭송하여 의미를 더하였다.

　김단야는 김천 개령 출신으로 1919년 서울에서 만세 시위에 동참한 후 개령으로 내려와 3월 24일 개령 첫 만세 시위를 이끌었다. 그 후 상해로 망명하여 1926년 6.10만세 시위를 기획하고 격문을 작성하였다가 일본 경찰에 발각되어 권오설 선생이 옥고를 치르는 등 국내외에서 활발한 독립운동을 전개하였다.

　김천교육너머에서는 일제강점기에 김천이 만세운동을 비롯하여 독립운동을 활발하게 진행했으나 정작 지역에는 지역 출신 독립운동가들에 대해 잘 알려지지 않아 김천역사공부모임을 만들어 김천

역사를 공부하여 현장답사와 자료발간을 해 오고 있다.

김단야처럼 지역과 서울, 해외에서 독립운동을 활발히 했으나 사회주의 독립운동가로 활동했거나 자료를 찾기 어려워 후손들이 있음에도 불구하고 지역에서 제대로 조명받지 못하는 경우도 많았다. 그런 사실을 안타깝게 생각한 구자숙 선생님을 비롯한 뜻있는 회원들이 김천 시내와 부항면, 조마면, 어모면, 구성면, 개령면 등에 흩어진 김천지역의 역사와 유적지를 정리하여 '시민이 알아야할 김천 역사 이야기' 라는 자료집을 발간하고 김천지역 역사 알리기 활동을 해 오고 있다.

김천지역에는 김단야를 포함하여 독립운동과 만세운동을 하신 분 중 60여 명이 국가서훈을 받았다고 확인되고 있다. 그러나 김천에는 독립운동가 2분의 비석 외에는 비나 생가 표지석이 없고 지금은 구전으로 전해 주시던 어르신들도 돌아가시고 있어 김천시 차원의 관심이 필요한 상황이다.

최현정 김천교육너머대표는 추모사에서 "1919년 3월 24일부터 4월 6일까지 이 작은 고장에서 네 차례나 만세운동을 하였다는 사실이 정말 놀랍고 자랑스러운 일이라고 생각한다"라며 "그럼에도 이를 기억하고 기리는 공식행사가 없어서 안타까운 마음을 가지고 있었다"라고 김천교육너머가 행사를 추진하게 된 배경과 의미를 이야기했다.

김천시의회 나영민 의장도 추모사에서 "김단야 선생이 일제강점기 조국독립과 노동자의 권리를 위해 싸우셨지만, 끝내 조국 해방을 보지 못하고 순국하였습니다. 우리의 과제는 선열들이 지킨 조국의 자유와 평화, 정의가 살아 숨 쉬는 대한민국을 만드는 일"이라며 김천시 의정을 통해 김천시가 기림 사업을 하는 것이 필요하다고 했다.

이날 추모제에서 개령초등학교 후배인 6학년 김가온 학생이 김단야 선생님께 전한 추모 편지글이 가장 주목을 받았다.

김가온 학생은 "이 편지를 쓰면서 슬픈 생각이 많이 들었어요. 1910년 국권이 완전히 빼앗겼을 때의 기분은 상상이 안 돼요"라며 "지금 현재 우리나라에서도 많은 일이 있어요. 대통령 탄핵, 계엄령 등등 많은 일이 있었지만, 그 시대의 일보다는 그나마 덜할 거라고 생각"한다며 국권 회복 운동을 위해 목숨을 바친 선열들의 어려움에 고마운 마음을 표했다.

이어 개령초등학교가 일본 오사카에 있는 '건국학교'와 교류 중이라고 하며 한일관계는 다양한 교류를 하고 있지만, 여전히 일본군 위안부, 문화재, 독도 등등 아직 해결해 나가야 할 문제도 많다고 현재 상황을 소개했다. 그리고 "선생님이 노력하셨던 것처럼 열심히 문제해결을 위해 노력할게요."라며 결의를 다졌다.

특히 "선생님께 지금의 우리나라 여행을 시켜 드리고 싶습니다. 독립된 우리나라를 둘러보시고 소감도 듣고 싶습니다"는 대목에서 참석한 이들이 초등학생의 발랄한 상상력을 접하며 웃음

짓게 했다.

　1부 추모식에 이어 김찬수 회원 안내로 김단야 선생의 흔적을 따라, 3월 24일 개령 첫 만세운동길과 김단야 선생 생가, 개령교회 등을 걸으며 개령지역 독립운동가를 기리고 현재를 살아가는 사람들의 할 일을 생각하는 시간을 가졌다.

　한편 김천교육너머는 2018년 3월 31일 "지역민들의 관심을 모아 아이들과 함께 사람 냄새나는 교육환경을 만들고, 모두가 행복할 수 있는 김천을 위하여 우리가 할 수 있는 일을 하자"는 목표로 창립되어 김천지역 교육환경 개선과 지역사회 문제 등 김천지역 학생과 시민들을 위한 사회 진보적 활동을 하고 있다.

우리는 모두가 다른 인종이다

필요에 의해서 노동자들을 들여왔으면 이 사회에 사람으로 살 수 있게 해야

세계인종차별철폐의 날에 인간사냥, 강제단속 대구 출입국 · 외국인 사무소를 규탄한다!

오늘은 유엔이 정한 '세계인종차별철폐의 날' 입니다.

'세계인종차별철폐의 날' 은 1960년 3월 21일 남아프리카공화국에서 인종분리 정책에 반대하며 평화시위를 하다가 희생된 69명을 기리면서 1966년 3월 21일 유엔이 인종차별에 대한 경각심을 높이기 위해 선포했습니다.

그런데 돌이켜 보면 2025년을 살아가는 우리 모두가 윤석열과 자본가와 같은 인종이었던 적이 있는가? 하는 의문이 듭니다.

화물연대 파업에 업무개시 명령을 내려 폭력적으로 노조파괴를 획책하고 건설노동자들을 건폭으로 규정하며 무자비하게 탄압하였습니다.

농민들의 생존권은 반응 자체를 하지 않고 젊은 세대의 취업난과 미래 불확실성으로 인한 불안을 기성 정규직에 대한 공격으로 돌리고, 불평등한 여성권리 신장을 페미니즘에 대한 공격으로 편 가르기를 하면서 정치적 기득권을 유지하려는 행위가 자행되는 사회입니다.

여기에 가장 가시적으로 약자인 이주노동자에 대한 공격을 통해 노동자로서 권리를 억누르고 있는 것이 현재 한국의 고용허가제를 비롯한 외국인 관련 법체계입니다.

고용허가제로 들어온 노동자들이 사업장을 변경하거나 계속근로를 위해 절차를 밟으려 해도 너무 까다로워서 외국인 관련 법 자체가 미등록 이주노동자를 양산하는 제도라고 할 정도입니다.

지난 2월 26일 진량에서 대구 출입국·외국인사무소의 인간사냥으로 7명의 노동자가 중경상을 입었습니다. 얼마나 지긋지긋했으면 이 중 한 명은 부상당한 몸으로 당일 본국으로 출국했습니다. 대구 출입국·외국인사무소의 이주노동자에 대한 단속은 절차와 안전조치를 제대로 하지 않고 폭력적 강제단속을 진행하여 이전에도 다치거나 심지어 목숨을 잃는 사고까지 일어났습니다. 그럼에도 대구 출입국·외국인사무소는 또 이주노동자들에 대한 인간사냥을 강행하여 큰 사고가 일어났습니다. 그리고 지난 17일 외동에서도 또 단속이 이뤄져 노동자가 다치는 사고가 발생했습니다. 제가 활동하는 경산이주센터에서 2월 상담 중에는 자신이 생각하는 임금이 실제 받은 임금과 차이가 있어 임금명세서를 요구했더니 일주 후 날짜로 해고하는 사례가 있었습니다.

대구 출입국·외국인사무소에 묻습니다. 이렇게 차별받는 이주노동자들 권리 보장에 대해 한마디 한 적 있습니까? 그럴 때마다 앵무새처럼 노동청에 알아보라고 하며 책임을 회피하기에 급급했지요.

왜 이런 위험을 무릅쓰고 계속 불법 단속을 합니까?

한국경제에 이주노동자가 필요하지 않습니까? 그러면 고용허가제도 없애면 될 것 아닙니까?

단속실적 때문인가요? 단속실적 올리려면 어디에 가면 된다는 것을 당신들이 잘 알고 있지 않은가요?

이주노동자도 한국에 이주하여 사람답게 살면서 한국경제에 주요하게 이바지하는 사람들입니다. 그래서 2025년도 정책적으로 십수만 명의 이주노동자가 입국하여 정주 노동자로 채워지지 않는 사업장에 노동력을 공급하고 있습니다. 필수노동력입니다. 필요에 의해서 노동자들을 들여왔으면 그들이 경제에 기여하듯이 이 사회에 사람으로 살 수 있게 해야 합니다.

결국 이주노동자 단속은 출입국·외국인사무소 당신들이 일하고 있다는 것을 보여 주기 위한 단속시위일 뿐입니다. 이에 더해 중소 영세 사업장의 임금착취를 용인하기 위한 방편으로 이용되고 있을

금속노조 성서공단지회

뿐입니다.

　국가정책의 보여 주기 식 시위를 위해 자행되는 폭력에 이주노동자들은 그 인간사냥의 순간 자신의 미래와 가족생계를 부여잡고 버티기 위해 생사를 넘나들어야 합니다. 민주공화국인 대한민국의 외국인관련법체계에서 이주노동자들의 인권과 생존권은 구조적으로 무시되고 있습니다.

　공무원들은 법무정책으로 지시를 따를 뿐이라고 뒤에 숨지 말아야 합니다. 정주노동자에게 할 수 없는 일은 이주노동자에게도 하지 말길 바랍니다. 아무리 단순 집행했다고 해도 법치행정의 출발이 절차를 지키는 일이라고 했을 때 인간사냥은 절차도 지키지 않왔다는 게 매번 확인되고 있습니다.

12.3 윤석열 비상계엄에서 우리는 민주주의의 원리를 많이 생각합니다.

한국현대사에서 해방 후 40년은 혐오와 차별을 제도화시키고 내면화시켜 분리통치를 하려는 자들이 독재통치를 하였습니다. 87년을 거치며 절차적 민주주의가 정착되는가 했더니 극우세력이 파쇼적 통치를 하는 사회를 유지하려고 내란을 일으켰습니다.

분리통치의 기준은 정치와 경제가 어려우면 차별할 대상을 타자화시키는 정치적 행위가 계속 확대되어 왔습니다.

차별할 인종으로 노동자 인종, 젊은/늙은 인종, 여성 인종, 장애인 인종, 성소수자 인종, 학생·청소년 인종, 이주민 인종 등등…. 우리 주위에서 차별 거리를 찾으려면 한이 없습니다. 그리고 대부분의 우리 민중들은 이런 인종 중 모두를 피해 갈 수 있는 사람이 없습니다.

이번 12.3 비상계엄 사태에서 민주주의는 고정된 제도가 아니라 구성원들의 관심과 참여에 따라 전진과 후퇴가 가능한 살아 움직이는 제도라는 것을 확인했습니다.

더불어 타자화시킨 인종들을 억압하는 자본과 정치세력은 하나로 모인다는 것도 확인했습니다.

노동자를 탄압하는 자본가들, 여성차별을 조장하는 자들, 장애인을 억압하는 자들, 성소수자와 학생 인권을 공격하는 자들, 이주민들을 차별하고 폭력적으로 대하는 자들이 하나로 연결된 자본과 수구 보수 세력이라는 것을 분명히 확인했습니다. 그리고 그 광장에서 억압당하는 사람들의 희망도 확인했습니다.

남태령의 희망은 2030 젊은/여성들이 농민과 노동자들과 연대했다는 것이 아니라 2030 사람들이, 억눌린 당사자들이 또 다른 억압받는 노동자·농민, 민중들과 연대하여 민중을 억압하는 폭력적 저항선을 뚫었다는 것이라고 봅니다. 차별을 위한 타자화의 틀을 넘어 차별의 나눔을 극복할 수 있는 담론으로 폭넓은 연대의 전선을 형성하는 것이 우리의 희망일 것입니다.

오늘 세계인종차별철폐의 날을 맞아 대구 출입국·외국인사무소의 인간사냥으로 다친 노동자들의 쾌유를 빌며 차별받는 여러 인종의 힘찬 투쟁으로 인간사냥, 강제단속으로 부상당하고 차별받는 이주노동자의 치료와 노동권을 확보해 나가야 합니다.

더 나아가 우리 모두가 한 명도 피해 가지 못할 차별받는 인종들이 연대하여 인종을 차별하고 민중을 차별하는 폭력적 저지선을 끝장내고 모든 인종이 함께 살아갈 수 있는 세상을 만들어 나가야 합니다.

법치를 짓밟는 그 사람들

국민들이 나서 윤석열을 체포하고, 권력자의 죄를 끝까지 묻자

한국사 왜곡을 시도하는 사람들

대한민국 국민들은 윤석열의 12.3 비상계엄 상황을 방송 중계를 통해 집에서 보고 깜짝 놀랐다. 이후 변명과 아집으로 가득 찬 대국민 담화문을 통해 이해할 수 없는 권력자의 사고체계에 대해 의문을 가졌다. 그리고 1월 3일, 공수처에서 내란범 윤석열에 대한 법원 체포영장을 집행하다 경호처에 막혀 되돌아가는 것을 방송 중계를 통해 지켜봤다.

아이티 강국의 위력인지 집에서 범죄가 일어나는 현장을 중계방송으로 보면서 법 위에 군림하는 윤석열과 국민의힘 당, 그리고 그들을 지지하는 수구 보수세력의 민낯을 똑똑히 봤다.

노동자와 서민들에게 그토록 법치를 강조했던 대한민국 공권력

은 법을 어기는 기득권자들에게는 무력하기만 했다. 물론 노동현장에서는 자주 일어나는 일이다.

저들이 저렇게 헌법을 유린하고 법 위에 군림할 수 있는 것은 무엇 때문일까?

필자가 보기에는 해방 이후 이어져 온 역사적 맥락 속에서 이 나라가 자신들이 세운 나라이고 자신들이 지켜왔다고 여기기 때문이라고 본다.

한국 현대사에서 친일세력과 독재 정권에 대한 온전한 심판과 청산은 없었다.

반민특위가 이승만에 의해 무참히 테러당했다. 국민들은 박정희 전두환, 노태우 군사쿠데타 세력과 박근혜국정농단세력에 대해 제대로 처벌하지도 못하고 감옥에 보내고도 민주 정부라는 정부에서 국민의 뜻은 안중에도 없이 사면한 것을 본 경험이 있다. 그런 경험을 보고 윤석열을 지지하는 수구보수세력은 비상계엄으로 내란에 성공하면 집권이 길어지고 실패하면 윤석열을 감옥에 내어 주고 몇 년 있으면 사면하는 행태를 예상하지 않았는가? 하는 추측을 해 본다.

1월 3일 한남동 대통령 관저 앞 윤석열지키기 집회에서 평범해 보이는 할머니가 "어떻게 세운 나라인데, 어떻게 지켜 온 나라인데 나라를 바로 세워야 한다"며 "윤석열 대통령을 체포하게 할 수 없다."고 당당하게 인터뷰하는 모습을 보면서 '참 윤석열 지지세력은 신념으로 하는구나' 라는 생각을 했다.

그 신념을 만드는 작업의 밑바탕에 뉴라이트 30년 활동이 있다고 본다.

1948년 건국을 주장하며, 이승만을 국부로 상징화시키기 위해 3.1운동으로 건립된 대한민국임시정부의 법통과 불의에 항거한 4.19 민주이념을 계승하는 대한민국헌법을 부정하는 주장을 하고 있다. 이런 주장을 교육에 관철시켜 어린 학생들부터 배우게 하려고 2008년 뉴라이트 한국사 대안교과서부터 그토록 집요하게 역사교과서를 만들어 제도권에 밀어 넣으려 하고 있다.

지난 2013년 청송여자고등학교 교학사 교과서 채택 문제에 이어 2017년 한국사 국정교과서 연구학교로 경산의 문명고등학교가 홍역을 치렀다. 뉴라이트 한국사교과서의 마지막은 항상 경북의 학교이다.

이번에도 또 경산 문명고등학교에서 2024년 10월 비슷한 내용의 한국학력평가원이라는 출판사가 만든 불량한국사 교과서를 채택했다.

보수세력이 정권을 잡고 있으니 한국학력평가원이 2007년 출판한 문제집을 표지만 갈고 제출해도 검정교과서 출판요건을 충족했다고 통과시켜 주었다.

검정교과서 집필에 교육부 공무원이 저자로 참가할 수 없다는 지침에도 교육부장관의 청년보좌역이 버젓이 저자로 참가했는데

검정을 통과했다.

심지어 이런 사실이 국정감사에서 드러나도 교육부 장관은 문제 없다고 버티고 있다. 실로 저들의 나라의 진면목을 보는 것 같다.

내용은 더 가관이다. 국권수호운동에 대해 자신의 생각을 주장해 보자는 논술하기 활동에 대해 '일제강점기 의병의 애국정신은 존경하지만, 열악한 조건으로 일본군과 싸워 이기는 길은 현실적으로 불가능한 일이라고 본다. 순간의 분함을 참고 훗날을 도모하며 실력을 키우는 것이 현명한 선택이라 생각한다.' 라는 예를 한 개만 들고 있다.

일본군 위안부에 대해서는 전쟁범죄나 성착취라는 말 대신 단한 줄로 '끔찍한 삶을 살게 하였다.' 며 가치 중립적으로 표현을 하고 있다.

민족문제연구소에서 교과서 전시본이 나오고 3일 동안 전문가들이 검토하여 단순 오류부터 부적절한 편집 등 338개의 오류가 발견되었다고 발표하였다.

역사를 왜곡하는 이들의 의도는 분명하다. 해방 이후 기득권을 누려 온 자신들과 조상들을 역사교육에서는 친일한 자로, 독재자와 이에 부역한 자로 부정적으로 기술되어 있다. 그래서 초중고 한국사 교과서를 좌파 교과서로 그토록 집요하게 공격하고 있다. 역사적 사실을 바탕으로 한 역사교육을 바꿀 수 없으니 자신들이 직접 친일독재를 미화하는 한국사 왜곡에 나선 것이다. 친일독재를 미화하다 보니 일본강점기 역사를 왜곡하는 일본의 역사 왜곡과 비슷해져 버렸다. 윤석열과 국민의 힘이 한·일 외교와 한미일 동맹에 열을 올리며 정신적으로도 물리적으로도 이런 상황을 고착화시키려는 의도라고 본다.

지금도 경산에서는 전국에서 일반계고등학교 중 유일하게 한국학력평가원이 발행한 불량한국사교과서를 채택한 문명고등학교의 불량한국사 교육에 맞서 아침 등교 피케팅과 불량한국사교과서 채택 취소를 위한 법률적 대응을 준비하고 있다.

'조선은 왕은 무능하고 관료는 부패했는데 국민들은 어디서 나오는지 모를 힘이 있다.'는 영화 하얼빈의 대사처럼 대한민국을 세우고 지켜 온 것은 우리 민중들이다. 우리가 지켜 온 이 나라를 저들은 친일 독재한 자신들이 지켜 왔다고 왜곡하고 교육을 하겠다고 하고 있다. 그리고 2025년 현재 전쟁을 획책해서라도 기득권을 지키겠다고 비상계엄을 선포하고 헌법을 유린하고 있다.

그럼 최후에 국민들이 나서 윤석열을 체포하고, 이번에는 대한민국 현대사에서 권력자의 죄를 끝까지 묻는 청산의 항쟁을 만들어야 한다.

민주주의는 생물과 같다고 한다. 우리는 대한민국 현대사에서 그것을 보았다. 광장에 나온 우리가 연대하여 노동자 농민을 비롯한 우리가 주인 되는 세상을 만들기 위해, 오늘의 광장에서 힘차게 외치고, 내일은 일터에서 광장을 만들고 투쟁하는 사람들과 함께 연대해 나가야 하겠다.

대한민국 민중의 역사를 지키는 문명고 친일독재미화 불량한국사 대책위의 역사바로세우기에도 많은 관심 부탁드린다.

구미 학교 디지털 성범죄 잇따라 발생해 "충격"

디지털 성범죄는 사전 예방이 중요

교육청의 안이한 대응⋯ "피해자 불안"

최근 구미지역 학교에서 디지털 성범죄가 잇따라 발생하여 지역 교육계와 시민들이 충격에 휩싸인 가운데 구미지역 시민사회단체들이 '구미 학교 디지털 성범죄 대책위원회'(이하 '성범죄대책위')를 구성하고 기자회견을 열었다.

지난 6월 3일 경상북도교육청 구미교육지원청에서 "교육청은 학교 디지털 성범죄 조속히 대응하라"며 진행된 성범죄대책위 기자회견에는 30여 명의 회원이 참여하여 구미교육지원청과 경상북도교육청의 성범죄에 대한 안이한 대응을 질타하고 학교 성범죄 근절을 위한 대응 방안을 제안했다.

성범죄대책위에 따르면 올해 구미지역 학교에서 학생에 의한 3건의 디지털 성범죄가 발생했다. A고등학교 남학생은 여교사 화장실에 몰래 들어가 불법촬영을 시도하다가 현장에서 적발되었고 경찰 수사 과정에서 더 많은 피해교사가 있다는 것이 드러났다. 또 B 고등학교 남학생은 필통에 구멍을 내 카메라를 숨기고 교탁 밑에 두어 수업하는 여교사의 치마 속을 촬영하였다. C 중학교 남학생은 동급생을 상대로 불법촬영을 한 것도 모자라 텔레그램을 통해 공유·유포하였다고 한다.

이러한 디지털 성범죄는 성폭력범죄의 처벌 등에 관한 특례법 제14조(카메라 등을 이용한 촬영), 아동·청소년의 성보호에 관한 법률 제11조(아동·청소년성착취물의 제작·배포 등)에 해당하는 심각한 범죄행위다.

한편 학생의 성폭력 사안의 경우 형사적 처벌과 별개로 가해학생은 학교폭력과 성폭력에 대한 관련 법에 따라 징계처분을 받게 되어 있다. 이 과정에서 교육청과 학교의 안이한 대응이 도마 위에 올랐다.

A 고등학교 사건의 경우 학교교권보호위원회에서 '퇴학처분'을 내렸으나 경북교육청 학생 징계조정위원회에서 징계가 과하다며 재심의를 요구했다. B 사건의 경우 가해학생이 스스로 '자퇴' 하여 징계는커녕 아무런 조치조차 하지 못했다. C 사건의 가해학생은 분리조치와 출석정지 기간에 무단으로 결석했다. 세 사건 모두 교육청과 학교의 성인지 감수성 부족과 미온적인 대응으로 피해자들을 더욱 힘들게 했다고 대책위는 밝혔다.

특히 C 중학교 사건의 경우 불법 영상이 SNS에 유포된 심각한 상황에서 4월 16일 학교에 최초 신고접수가 된 후 경찰 수사 중이지만, 가해자가 특정되지 않았다며 피해학생에게 한 달가량 아무런 조치를 취하지 않았다. 그동안 피해학생은 가해학생과 한 학급에서 생활할 수밖에 없었으며 그로 인해 피해학생과 보호자는 극심한 고통을 겪어야 했다. 또 학교폭력 신고접수 후 5월 14일 심리진단검사를 진행한 후 현재까지 피해자에 대한 지원은 이루어지지 않고 있다.

디지털 성범죄는 일단 발생하면 그 피해가 막심하기 때문에 사전 예방조치가 무엇보다 중요하다. 그래서 경북도의회는 '경상북도교육청 화장실 등 불법 촬영 예방 조례'와 '경상북도교육청 디지털 성범죄 예방 및 피해학생 지원에 관한 조례'를 2023년에 제정하여 예산 확보의 근거를 마련했다. 그런데 경북교육청은 관련 예산을 전년도 대비 82% 삭감하여 디지털 성범죄에 대한 안일한 인식이 학교 디지털 성범죄의 확산에 일조한 것이라는 비판을 면하기 어렵게 되었다.

기자회견에서 김서영 참교육학부모회 구미지회 사무국장은 "디지털 성범죄는 단순한 장난이나 호기심으로 넘길 수 없는 심각한 범죄"라며 "학생들의 정신건강과 학업에도 큰 영향을 미친다"고 강조했다.

이어 "피해자에 대해 전문 심리상담과 회복을 지원하고 가해학생에게도 법적 책임은 물론 피해자의 관점에서 자신의 행위가 얼마나 심각한 상황을 유발하는지 교육 및 재활프로그램을 지원해야 한다."라면서 "모든 학생과 교직원에 대해 예방교육을 통해 디지털 성범죄를 예방해야 한다."라고 교육청과 학교에 강력하고 조속한 대응을 촉구했다.

중요한 것은 학생과 교사가 안전하고 존중받는 학교에서 배우고 가르치는 생활을 하는 것이다. 성범죄대책위는 서로 존중받으며 인정하고 학력이나 돈보다 사람이 우선인 삶을 위해 디지털 성범죄에 대해 미온적이고 무책임한 학교와 교육청의 각성을 촉구하고 피해자 보호조치 및 지원과 가해자에 대한 분리, 처벌을 요구했다. 그리고 디지털 성범죄에 대한 미온적 대처에 대한 엄중한 처벌을 통해 학교장의 책임성을 강화를 촉구했다.

한편 구미 학교 디지털 성범죄 대책위원회는 전교조구미지회, 구미YMCA, 참교육학부모회구미지회, 구미참여연대, 민주노총구미지부, 구미여성종합상담소, 영남여성장애인상담소 등 7개 단체가 참여하고 있다.

세월호 참사 10년, 잊을 수 없는 세월

세월호 참사의 진실 규명하고 안전한 사회를 위해 잊지 않고 함께 연대하자

20240416 세월호 참사 10년이 흘렀다.

온 국민이 지켜보는 가운데 자연스러운 일상을 살아가던 학생 250명과 교사 12명을 포함하여 304명이 바닷물 속으로 가라앉았다. 세월호 유가족과 생존자 가족을 포함한 모든 국민이 그 충격과 아픔으로 몸살을 앓으며 10년의 세월을 살아왔다.

세월호 참사가 일어나고 검경합동수사본부와 감사원, 국회 조사에서 기업의 이윤추구를 위한 선박 개조와 화물 하역 및 한국선급 관계자의 비리와 관리 부실이 부각되었다. 그런데 왜 침몰했는지? 왜 구조하지 않았는지? 국가는 재난 상황에서 무엇을 했는지는 여전히 미궁인 상황에서 다시 10년을 시작하고 있다.

세월호 참사 10주기인 4월 16일 어제 경산과 포항, 안동을 비롯한 경북 곳곳에서도 세월호 10년 추모 행사를 진행했다. 포항에서

진행한 '바람의 세월' 영화 상영에서 지난 10년의 아픔과 활동을 공유했다. 치안체계가 잘되어 있다는 대한민국에서 배가 침몰하고 있는데 "가만히 있으라"는 방송 외에는 아무것도 하지 않은 국가에 대해 세월호 학부모들이 가장 먼저 의문을 제기했다. 국가는 어디 있는가? 구조에 책임 있는 자가 답변을 하지 않아 '대통령에게 직접 묻겠다'고 도보로 나선 것이 세월호 유가족 투쟁의 시작이다.

헌법 제34조 제6항 "국가는 재해를 예방하고 그 위험으로부터 국민을 보호하기 위해 노력해야 한다"라고 하고 있다. 헌법에 따라 국가의 역할을 기대했던 유가족과 국민의 물음에 박근혜 정부의 청와대는 국가안보실장과 비서실장을 통해 '국가안보실이 재난 컨트롤타워가 아니다'라는 발표와 함께 「국가위기관리기본지침」의 문구를 임의로 변경하여 정권의 책임을 회피하려는 행태를 보여주었다.

국민의 생명을 보호하고 안전을 도모해야 할 국가는 오히려 문제를 제기하는 유가족과 시민들을 대상으로 국정원과 기무사, 정보 경찰을 동원하여 사찰하고 분리하는 공작을 진행했다. 세월호 참사가 정부 책임론으로 비화하는 것을 방지하기 위해 유가족과 세월호 촛불을 종북 좌파세력으로 몰아가거나, 유가족이 집단화되는 것을 막기 위해 사찰을 했다. 재난 상황에서는 보이지 않던 청와대 컨트롤타워가 진실규명을 방해하고 진실을 요구하는 유가족과 국민을 사찰하는 데는 너무나 체계적으로 작동했다.

　20140416 세월호 참사의 진실을 밝히려는 유가족과 국민의 활동은 눈물겨운 것이었다. 세월호 참사에 대해 언론사의 왜곡 보도와 KBS 보도본부장의 교통사고 망발에 대해 사과와 파면을 요구하는 항의 행동, 세월호 진상 규명과 특별법 제정을 위한 대통령 면담 요구와 청와대 앞 노숙 농성 및 단식투쟁, 세월호 참사 진상 규명 특별법 제정을 위한 1천만 명 서명운동, 세월호 특별법 제정을 위한 촛불 집회를 개최하며 진상 규명과 안전한 사회를 위한 처절한 활동을 전개했다. 그 힘으로 2015년 세월호참사특별조사위원회, 2017년 선체조사위원회, 2018년 사회적참사특별조사위원회를 통해 진실을 조금씩 인양하며 10년을 걸어왔다.

'세월호 전과 후는 달라야 한다' 이제 전 국민이 많이 공감하고 있다.

사회적참사특별조사위원회를 통해 침몰 원인 조사와 박근혜 정권의 진상 규명 방해에 대한 국가의 사과와 진상 규명 책임을 명확히 한 것은 한 걸음 나아간 것이다. 그리고 피해자의 범위를 304명별이 된 분들과 유가족뿐 아니라 생존자와 수학여행 잔류자, 학교, 지역사회로 확장하고 피해자의 권리와 지원을 정리한 것은 의미 있는 결과였다. 그리고 다시는 세월호와 같은 참사가 일어나지 않도록 제도를 정비하고 사회적 시스템을 구축하도록 진상 규명, 피해자 지원, 안전한 사회체제를 위한 보고서를 제출하였다.

세월호 참사로 국민의 생명과 안전을 지키는 국가에 대한 역할을 요구하는 국민들이 많아졌다. 그 힘으로 대통령을 탄핵하기도 했고 선거에서 변화를 요구하기도 했다.

세월호 10년, 이제 대한민국은 안전한 나라인가?

이 물음에 동의하는 국민이 많지 않은 것 같다. 2022년 이태원 참사에서도, 2023년 오송 참사에서도 세월호 이후 국민이 바라는 국가는 없었다. 또다시 안전사회를 위한 요구와 노력, 지켜주지 못해서 미안함은 살아남은 국민의 몫이다.

비정규직 김용균과 같은 노동자들이 매일 평균 6여 명이 죽어 나가는 열악한 노동 현장에서 산재 노동자를 줄이기 위한 노란봉투법 제정 역시 여전히 국민의 몫이다.

이제 "산 사람은 살아야지" 하면서 괴로운 일은 빨리 잊어버리라는 이야기를 하기도 한다. 그러나 세월호 10년은 국민들의 요구가 살아 움직이지 않는 한 정치는 계속 타협하면서 후퇴한다는 것을 확인하는 시간이었다. 피해자인 유족과 국민의 일상을 회복하기 위해서는 세월호가 침몰하고 304명이 별이 된 참사의 진실이 밝혀져야 한다. 그리고 책임이 있는 자들이 책임을 져야 한다. 그 후 참사가 일어난 원인을 짚어 재발 방지를 위한 제도를 정비해야 한다.

그러기 위해서 학교에서부터 학생들이 주체적인 삶을 지향하고 지원할 수 있도록 해야 한다. 우리의 진실에 대한 빛이 어둠을 이길 수 있는 공동체를 회복하여야 한다. 우리 사회가 피해자다움을 규정하고 피해자에게 향하던 폭식시위, '시체팔이' 등의 막말을 사회가 대중의 힘으로 제지할 수 있는 사회적 감시망이 작동될 수 있어야 한다.

애도하고 연민을 느끼는 것이 인간으로서 자연스러운 사회를 만들어야 한다. 그 출발은 세월호 참사의 진실이 규명되고 안전한 사회를 만들 때까지 잊지 않고 함께 연대하는 것이다.

함께 잊지 않는 '사회적 기억'으로 새로운 10년을 내딛자.

안동의 한 중학교 교장, 6개월간 여교사 성폭력

학교-지역교육청-경상북도교육청으로 이어지는 성폭력 대응 체계의 총체적 문제

"경북교육청, 늑장 대응과 거짓말… 2차 가해 심각"

안동의 한 중학교에서 여교사가 교장으로부터 6개월에 걸쳐 성폭력 피해를 당한 사실이 드러나 지역사회에 파문이 일고 있다.

전교조 경북지부에 따르면 해당 교장은 지난해 9월 안동의 한 중학교에 부임한 후 교장실에서 피해자 A 교사에게 근무평정과 장학사가 되는 것을 도와주겠다며 위계에 의한 신체적·언어적 성추행을 저질렀던 것으로 드러났다.

피해교사 A씨는 견디다 못해 지난 2월 29일 경찰에 신고하고 3월 4일 안동교육지원청에 성폭력 피해 사실을 신고하였다. 그런데 안동교육지원청은 확인자 사인란에 교감의 사인이 들어갔다며 친고죄가 아닌 성폭력 사안을 피해자가 직접 사인하라며 신고 접수를 반려하였다.

　이후 6일 서면으로 재접수할 때까지 가해자인 학교장이 피해자 A씨에게 78차례에 걸쳐 문자와 전화 통화를 시도하는 등 심각한 2차 가해가 일어났다. 교육청의 안이한 성폭력 대응으로 피해자가 극심한 고통을 겪는 상황이 발생하여 시민사회단체들이 심각한 우려를 표하고 있다.

　전교조경북지부와 경북여성·장애인성폭력상담소 등 시민사회단체들은 이번 사안의 심각성을 인식하며 '학교장에 의한 교사 성폭력 사건 해결을 위한 공동대책위원회,(이하 '성폭력 공대위')를 구성하여 지난 4월 16일 오전 10시 30분 경북교육청 현관 앞에서 '지속적인 성폭력과 2차 가해 학교장을 즉시 파면하라' 라는 요구를 하며 기자회견을 개최했다.

　성폭력 공대위는 기자회견에서 "성폭력 피해자의 신고에 대해 2차 가해가 발생하지 않도록 피해자를 보호하고 지원하는 것이 우선임에도 경상북도교육청의 늑장 대응으로 가해자가 피해자 A씨가 살고 있는 동네까지 찾아와 만나 달라고 요구하는 등 2차 가해를 저질러 피해자와 가족은 극심한 공포와 불안에 떨어야 했다." 며 경북교육청의 성폭력 대응에 분통을 터뜨렸다.

　특히 지난 4월 8일 성폭력 공대위 항의 면담 과정에서 가해자에 대한 '직위 해제' 조치는 전교조경북지부 1차 보도자료 배포(3. 12.) 후에서야 이루어진 문제를 지적했다. 도교육청은 경찰서 '수

사 개시 통보'가 늦었기 때문이라고 해명했으나 안동교육지원청과 경찰청 확인 결과 거짓 해명으로 확인되었다. 이에 시민단체들은 늑장 대응도 모자라 거짓 해명까지 하는 경북교육청에 대해 '경북 교육을 책임지는 기관으로 부끄러운 행태'라고 비판했다.

성폭력 공대위가 확인한 바에 의하면 경북도교육청은 2차 가해 방지를 위한 조치 또한 하지 않았다고 한다. 3월 18일 성고충심의 위원회 심사 결과 '가해자 징계요구'와 '교직원 성인지 감수성 대면 연수 실시'라는 조치사항이 나온 후에도 피해자 가족이 학교를 방문하여 심각한 제3자에 의한 2차 가해가 발생한 것에 대해 항의할 때까지 아무런 조치를 하지 않고 있다가 3월 29일에야 전체 교직원을 대상으로 2차 가해와 재발 방지 관련 연수를 실시했다. 성폭력 공대위는 학교-지역교육청-경상북도교육청으로 이어지는 성폭력 대응 체계가 총체적으로 문제가 드러나고 있다며 비판했다.

기자회견 발언에서 경북여성·장애인상담소 김미정 소장은 "경상북도교육청은 지난 2021년 4월 안동에서 발생한 '영양교사에 의한 성범죄'에 대해 대법원 판결 때까지 수차례 징계를 미루다 대법원에서 실형이 확정되어 '당연 퇴직'이 될 때까지 2년여 기간 동안 아무런 조치를 취하지 않은 바 있다. 교육청이 징계를 보류하는 동안 가해자는 2차 가해를 저질렀고 피해자는 고통을 감내해야만 했다."고 분노했다. 이어 "경북도교육청은 지난해에도 앞으로 성폭력 사안에 대해 적극적으로 대응하겠다고 했지만 1년이 지나도 전혀 변한 것이 없다."며 경상북도교육청의 성폭력 사안 처리에 대한 안일하고 미온적인 대응을 강하게 비판했다.

피해자는 사회자인 전교조경북지부 손미현 사무처장이 대신 읽은 메시지를 통해 "하루에 70회가 넘는 문자와 전화 등 스토킹 행위를 저질러서 지금도 불안하고, 집 근처에 있을까 봐 잘 다니지도 못합니다."라며 2차 가해에 대한 불안을 호소하며 엄벌에 처해 달라고 요구하였다.

한편 '학교장에 의한 교사 성폭력 사건'은 경찰 수사 종결 후 3월 29일에 검찰에 송치된 것으로 알려졌다. 그리고 성폭력 공대위 면담에서 가해 교장에 대한 징계는 경상북도교육청 감사관에서 감사보고서가 정리되어 징계의결 요구가 되면 4월 말에서 5월 초에 징계위원회가 열릴 예정인 것으로 확인되었다.

성폭력 공대위는 학교장에 의한 성폭력 피해 사실을 알리고 문제 해결에 나선 피해자의 용기 있는 행동을 지지하고 적극적으로 지원할 것임을 밝혔다. 그리고 경상북도교육청에 '경상북도교육감의 사과와 학교장 파면, 2차 가해 진상조사와 학교관리자에 대한 인권과 성인지 감수성 연수를 실시하라' 고 요구했다.

부커상 최종 후보 소설가 정보라 작가 인터뷰

현실의 모순을 깨고 연대하는 '데모하는 소설가'

제 소설에서 '나' 는 거의 99% 여성
집에 있는 여성, 엄마, 맏딸, 할머니 등 역할 하는 사람을 대변해서 썼다
세상에 열받는 일이 영감을 준다
데모하게 된 계기는 '세월호'

소설가 정보라 작가의 작품 『저주토끼』가 세계 3대 문학상인 부커상 인터내셔널부문 최종 후보에 올랐다. 지난 2016년 한강 작가의 『채식주의자』가 부커상을 받으며 우리나라에도 많이 알려진 상이다. 정보라 작가를 지난 4월, 민주노총 경북본부 활동가대회가 열리는 경주 더케이호텔에서 만났다.

투쟁하는 작가로 이미 알려져 민주노총 조끼를 입고 있어도 낯설지 않게 느껴졌다. 정보라 작가는 올 초까지 연세대 러시아어문학과에서 연구와 강의를 했다. 한국비정규교수노동조합 조합원이

『저주토끼』로 부커상 인터네셔널 부문 최종 후보에 오른 정보라 작가 인터뷰

어서 가깝게 느껴지면서도 '인터뷰를 어떻게 해야 하나?' 고민했
는데 정작 정보라 작가는 덤덤한 모습으로 인터뷰에 참여했다.

부커상의 문학적 위상에 대해서 정 작가는 "영국에서 영어로 번
역돼서 출간된 작품 중에서 선정되는 거니까 위상이 높다고는 하
는데(영어 번역 작품에 한정돼) 사실 굉장히 협소해지는 측면이 있
어요."라고 건조하게 답했다.

『저주토끼』는 2021년 영국에서 번역 출간된 후 입소문이 났다.
해외에서 호평을 받으면서 국내에서도 많이 알려지고 팔리고 있다
고 한다. 출판사 쪽에 의하면 지난 5년 팔린 책보다 최근에 팔린 책

이 더 많다고 한다. 그는 소설집 『저 주토끼』에서처럼 약자의 피해에 대해 소설로 응징하는 것이 "비겁하다"고 이야기한다.

"뉴스를 볼 때마다 진짜 너무 속이 터지는데 실제로 제가 해결할 수 있는 게 없으니까 소설 속에서 풀어내는 거죠."

그렇지만 막 소설에서 뛰쳐나온 듯 현장을 덤덤하게 누비는 작가의 모습은 현실의 모순을 깨고 연대하는 '데모하는 소설가'라는 별칭이 무척 어울린다. 그가 느끼는 비겁함이 원동력일까?

정보라 작가의 소설은 약자에 대해 많이 다루고 있다. 특히 여성 문제를 많이 다루며 스스로는 그들을 대변해 소설을 썼다고 하였다.

"제 소설에서 '나'는 거의 99% 여성입니다."

"살림하는 여성, 집에 남아 있는 여성, 엄마, 맏딸 아니면 할머니라든가 그런 역할을 맡고 있는 사람을 대변해서 썼어요."

호러 SF/판타지 단편집에 관한 '가부장제·자본주의의 불편한 진실을 꼬집는 환상 소설'이라는 외부의 평가처럼 스스로 불편한 인식을 소설 속에서 드러낸다.

정 작가는 지난 대선 과정에서 더욱 부각된 안티 페미니즘 경향과 사회적 약자에 대한 차별과 혐오를 공공연히 조장하는 것에 대해 분노를 토해냈다. 이는 개인의 문제가 아닌 치열한 경쟁을 유발하는 불평등한 사회구조를 원인으로 보았다. 또 입시 중심 교육으로 민주시민 의식을 기르지 못한 학생들에게 차별과 혐오를 조장하여 표를 구하는 정치권을 강하게 비판했다. 대학 강의를 하면서 학생들이 자신의 환경과 가족에 대해서 굉장한 애착을 두는 데 비해 주변에 대해서는 방어적으로 대응을 하는 것을 안타까워했다. 흡사 둥지 안에 머무르기 위해 다른 새를 밀어 떨어뜨리는 광경과 비슷하다고 보아야 할까? 이는 비단 우리나라만의 특이한 상황이 아니란다.

인터뷰에서 정 작가의 이야기는 소설만큼이나 간결하면서도 막힘이 없다. 슬라브 문학을 전공한 학자답게 이들 국가에서 생활한 경험과 현재 러시아의 우크라이나 침공 문제를 분석하면서 역사와 정치 상황에 대해 풀어냈다. 최근 수년간 우크라이나에서 여성과 아이가 어떻게 희생되고 있는지 몇 가지 사건을 들어 주었는데 그중 자신이 낳은 아이까지 포함해 열 명이 넘는 아이를 매매하려다 발각된 일은 충격적이었다.

또 나치의 최대 피해 국가인 폴란드에서 당시 피해자의 손자, 손녀들이 나치 깃발을 휘날리며 이슬람과 난민에 대한 혐오를 내뱉는 것을 보고 극우화 현상은 세계 곳곳에서 광범위하게 일어나고 있다고 느꼈다. 가톨릭 국가인 폴란드에서 낙태를 불법화한 것에 대해 '아이를 낳을 권리와 낳지 않을 권리가 모두 재생산권'이라는 것을 상기하며 문제점을 지적하였다.

러시아의 우크라이나 침공에 대한 부분과 슬라브 국가들의 정치 경제적 상황에 대한 대목에서는 기자가 끼어들 틈이 없을 정도로 할 말이 많았다. 2014년 우크라이나에서 있었던 친러시아 대통령 퇴진 요구 시위 이후 그곳 상황을 알고 싶어서 2016년 말부터 우크라이나 신문을 보기 시작했다고 한다. 그래서 일찍 전쟁의 가능성을 파악할 정도로 슬라브 국가들의 정세에 대한 관심이 많았다.

소설을 쓸 때 어디서 영감을 받는지 질문하자 "세상에 열받는 일이 한두 가지여야죠. 그게 영감을 준다고 볼 수 있죠."라는 답변이 바로 돌아온다. 본격적으로 데모를 하게 된 계기도 세월호 사건 때문이라고 한다. 그전에는 철도 민영화 추진으로 유라시아 철도 개발사업에 참여한 러시아가 지분을 가지게 되면 그것이 무기화되어 앞으로 큰 문제가 될 것이라 여겨 철도 민영화 반대 투쟁에 함께 했다고 한다.

정보라 작가는 지난 2021년부터 남편이 활동하는 포항에서 생활하고 있다. 포항에서도 여성단체와 장애인단체 연대 활동에 의욕을 보인다. 소설을 쓰지 않으면 데모한다는 말이 딱 맞다. 정 작가는 포항에서 농성하는 '문어' 얘기와 노동조합을 조직하려다 마는 '대게' 얘기를 썼다고 한다. 이어서 불법으로 돔베기(상어고기)를 만드는 사람들을 추적하는 '상어'를 쓸 계획이라고 한다.

『저주토끼』에서 보여 주듯이 우리의 일상을 상상력과 대상의 의인화를 통해 전래동화처럼 풀어내는 작가의 작업은 일상적 탐구에서 나온다는 것을 느끼게 한다. 그래서 그런지 정 작가의 소설은 막힘없이 읽힌다.

부커상 최종 수상 발표는 5월 26일 있을 예정이다. 수상하면 어떨 것 같은지 질문하자 그는 대답했다.

"저에게는 '화성에 가면 어떤 기분일 것 같냐?' 하는 질문과 같은 거예요. 화성에 뭐 누군가가 가겠죠. 그렇지만 화성에 가면 재밌겠죠?"

작가는 무덤덤하게 받아치지만 기대감도 엿볼 수 있었다. 여성, 장애인 당사자의 삶과 아픔을 이해하려는 작가의 감수성을 지금처럼 연대가 필요한 곳곳에서, 또 소설 속에서 만날 수 있기를 기대한다. 굳이 화성이 아니어도 좋을 것이다.

◈ 정보라 작가 인터뷰

이용기: 문학에서 부커상이 어떤 위상을 갖는가?

정보라: 세계 3대 문학상이 노벨문학상, 부커상, 프랑스 공쿠르상인데, 일단은 영국에 있는 출판사에서 출간이 돼야 자격이 있다. 영국에서 영어로 번역돼서 출간된 작품 중에서 선정되는 거니까 위상이 높다고는 하는데 사실 굉장히 협소해지는 측면이 있다. 인터내셔널 부커상은 1차 후보 경쟁률이 10대 1 정도였고, 2차 후보는 그거보다 135개 중에서 6개 올라가니까 한 22대 1 그 정도 된다. 그냥 숫자상으로만.

이용기: 『저주토끼』가 최종 후보로 선정된 소식을 들었을 때 기분은?

정보라: 우크라이나 침공에 항의하는 집회에서 발표 기다리면서 발언하고 있었는데 홈페이지에 결과 발표가 계속 늦어지는 상황에서 미국 대사관으로 가면서 잊어버렸다. 너무 춥고 그래서 그냥 데모에 집중했다.

이용기: 데모하는 작가라고 소문이 났는데?

정보라: 출판사에서 마케팅으로 그렇게 붙였는데 딱히 틀린 것 같지는 않다.

이용기: 소설은 언제부터 쓰려고 했나?

정보라: 대학교 때 학내 문학상 공모에 소설 쓰면 100만 원 받을 수 있다 해서 썼다.

이용기: 호러는 어떤 장르인지?

정보라: 전설의 고향 같은 게 다 호러다. 어느 나라에나 무서운 얘기가 다 있다. 전래동화 보면 귀신 얘기 나오고, 처녀 귀신 얘기 그게 호러다.

이용기: 『저주토끼』 소설 읽으면서 전래동화 읽는 느낌이 들었다.

정보라: 민담, 전설 굉장히 좋아한다. 전설의 고향도 어렸을 때 굉장히 좋아하고. 공포 영화, 괴담 도시 전설이나 그런 무서운 얘기 되게 좋아한다.

이용기: 소설에서 일상을 차갑고 무미건조하게 풀어낸다. 그게 특별한 기법인지 아니면 작가의 스타일인지?

정보라: 기법이기도 하고. 무서운 얘기를 쓸 때 작가가 막 호들갑 떨면 잠깐만 무섭고 독자분들은 지겨우니까 호들갑을 안 떠는 게 기법상 읽는 사람이 더 무서워지기도 한다. 모든 1초 1초가 다 안전하게 지나가기 전에는 모르는 거니까 일상이 다 무섭다고 볼 수도 있는데, 우리가 그냥 그렇게 생각하면 살 수 없으니까 그렇게 생각하지 않는 것뿐이다. 원래 산다는

게 앞날을 알 수 없으니까 어떻게 보면 평온한 일상 자체가 무서운 면이 있는 거다.

이용기: 심리묘사를 자세히 하는 부분 없이 전개되는데도 큰 장벽 없이 읽히는데 호러 장르의 표현기법인가?

정보라: 주인공의 심리를 자세하게 묘사하는 방법은 일반적으로 고전적인 문학 장르에서 많이 사용한다. 대중문학은 아까도 말씀드렸듯이 독자가 지루해하면 그 순간 안 팔리기 때문에 최대한 독자한테 강한 인상을 남기면서 진입 장벽은 낮게, 빨리 사로잡아서 계속 책을 읽게 만드는 기법을 사용해야 된다. 완급 조절을 잘하고 어떻게든 적절한 장소에 적절한 사건이 일어나게 해야 한다.

이용기: 소설 「머리」를 보면서 엄마가 그 배설물의 실체를 보고 혐오하는 표현을 하는데 딸은 덤덤하게 받아들여 좀 의아했다.

정보라: 그거는 한국뿐만이 아니고 어느 나라에서나 여성들이 주로 그런 상황에 많이 처하는 것 같다. 집안의 지저분한 일이나 자질구레한 일들은 주로 여성 중에서도 엄마 혹은 맏딸이나 그런 사람한테 많이 돌아간다. 예를 들면 바퀴벌레가 자꾸 나온다거나 화장실이 자꾸 막힌다거나 하는 일은 집에 하루 종일 있는 사람한테는 굉장히 고통스럽다. 그게 집 안에서 일어나는 일이기 때문에 다른 가족들한테는 그게 별로 중요한 문제가 아니라고 생각하는 것 자체가 문제다. 예를 들면

직장이 망한다거나 학교에서 모의고사를 본다거나 교육감이 온다거나 이런 거는 큰일이라고 생각하는데 집 안에 바퀴벌레가 나오는 건 아무도 큰일이라고 생각 안 한다. 그런데 집에 하루 종일 있는 사람한테는 집에 대해서 고민하고 집을 돌보고 아무도 신경 쓰지 않는 문제를 해결하는 역할이 몰린다. 살림하는 여성, 집에 남아 있는 여성, 엄마, 맏딸 아니면 할머니라든가 그런 역할을 맡고 있는 사람들을 대변해서 썼다.

이용기: 소설을 읽으면서 깜짝 놀랄 때가 있었다. 스스로 '성인지 감수성이 꽤 있다'라고 생각했는데 「안녕 내 사랑」에서 "춤을 추면서 딱딱한 로봇의 가슴", "장 안에 있는 1호를 들어 옮기면서 나보다 크고"라는 표현을 읽으면서 '왜 그렇지?' 하다가 '나'가 여성이구나, 라는 것을 깨달았다. 의도적으로 '나'가 굳이 성(별)이 표현 안 되게 표현하고 출발을 하는지?

정보라: 제 소설에서 '나'는 거의 99% 여성이다.

이용기: 앞에서부터 생각하니까 이해가 되더라. 「즐거운 나의 집」에서도 보면 아이가 등장한다. 처음에 몇 페이지 읽을 때는 당연히 '이 부부의 아이겠구나!'라고 생각했다.

정보라: 그것은 의도한 거였다. 여자하고 아이가 같이 있으면 아무도 의심하지 않고 그 여자의 아이라고 생각하더라. 이것도

사실 집회 나가서 깨달은 거다. 모르는 아이가 제 옆에 있었
는데 부모를 찾아야 되는데 모르는 주변 분들이 다 제 아이
라고 생각하더라. 그때 명확하게 느꼈다. 여자하고 아이가
같이 있으면 그냥 무조건 그 여자의 아이라고 생각하는구
나. 아이와 여자를 독립된 존재로 생각하지 않는구나. 그래
서 의도적으로 그렇게 썼다.

이용기: 소설을 처음 읽었는데 굉장히 익숙하다는 느낌이 들었다.

정보라: 「저주토끼」는 할아버지가 손자한테 해 주는 얘기처럼 쓰기
도 했고, 그리고 일본 괴담처럼 써 보고 싶어서 쓴 얘기도
있다. 제가 항상 그렇게 쓰는 건 아닌데 이 책에는 옛날이야
기 분위기가 많은 작품이 있다.

이용기: 소설에서 자본주의와 약자의 고통에 대해서 들춰내는 부분
은 의도적인 것인가?

정보라: 늘 그런 소설만 쓰는 건 아니었는데 어떻게 하다 보니까 그
렇게 되었다. 특히 『저주토끼』 표제작은 쓰레기만두 파동
때문에 너무 화가 나서 쓰게 된 거다. 그 피해자분(사장)한
테 너무 부당한 일이었지 않나. 제가 그 당시에는 유학 가
있어서 한국 신문기사에서 보기는 했는데 당연히 피해자 쪽
에서 뭔가 잘못하신 줄 알았다. 쓰레기 원료가 사용된 만두
는 '대부분 군부대로 들어가거나 외국에 수출되었다.' 라고
기사에 나오니까 '내가 한인마트에서 사 먹은 그 만두였구

나. 맛이 좋았으니까 됐지.' 이렇게 생각하고 넘겼다.

그런데 몇 년 지나고 한국에 와서 알게 됐다. 전혀 피해자분이 잘못한 게 없는 사건이었다. 아드님 인터뷰를 봤는데 정말 억울하시겠더라. 결국 아버님(사장)께서 돌아가셨고 집안이 완전히 망했더라. 대기업이 이윤을 위해서 중소기업과 그 가족을 다시는 일어날 수 없게 짓밟았다. 또 주류 언론은 처음에는 굉장한 연쇄 살인마라도 발견한 것처럼 그렇게 여론몰이로 한 집안과 사람에게 피해를 주고도 사실이 밝혀졌을 때는 외면하고 보상하지도 않았다. 저도 잘못 알고 있었고, 그게 너무 미안하고 화가 나더라. 중소기업이나 소상공인 자영업자는 가족이 다 달려들어서 가게 하나에 가족의 명줄이 달려 있다. 진짜로 삼족을 멸하는 소설을 써 보고 싶었다. 그게 저의 '저의'였다.

이용기: 데모하든지 저주하든지(웃음). 저주 소설을 굉장히 많이 쓰셨네요. 영감은 어디서 얻는지?

정보라: 세상에 열받는 일이 한두 가지여야지. 그게 영감을 준다고 볼 수 있다. 페이스북에서 보는 그런 얘기들도 그렇고. 우크라이나가 2013년 11월부터 2014년 2월까지 석 달 동안 제일 추울 때, 지금 폭격 맞고 있는 키이우 중간 딱 중앙에 독립 광장이 있는데 거기에 모여서 시위를 했다. 그게 원래는 유럽연합에 가입하자는 시위였다가 유럽연합에 가입하지 않

으려는 친러시아 대통령 물러나라는 시위가 됐다. 그게 한국에는 '유로마이단'으로 알려졌는데 우크라이나에서는 '존엄 혁명'이라고 한다. 2016년 말부터 우크라이나가 한국보다 촛불 시위를 먼저 했으니까 정권 바뀌고 나면 어떻게 되는가 알고 싶어서 우크라이나 신문을 열심히 보기 시작했다.

이용기: 소설이 현실의 문제를 해결할 수 있을까?

정보라: 정말 강렬하게 어떤 걸 원하는데 가질 수 없으니까 소설, 글이라도 쓰는 거다. 그분들을 위해서 이런 괴로운 상황들이 좀 해결이 됐으면 좋겠다.

이용기: 최종 발표는 5월 26일이다. 상 받으면 뭐 할 건가?

정보라: 그런 질문 꽤 많이 받았다. 상을 받으면 어떤 기분일 것 같냐? 저에게는 그 화성에 가면 어떤 기분일 것 같냐? 화성에 가면 뭘 할 거냐? 하는 질문과 같은 거다. 화성에 누군가가 가겠지만 제가 가지는 않을 거다. 그렇지만 화성에 가면 재밌을 거다. 상 받으면 좋겠죠?

이용기: 앞으로는 어떤 글을 쓰고 싶은가?

정보라: 쓰고 싶은 글은 많이 있다. 일단은 남편을 주연 혹은 조연으로 해서 「문어」하고 「대게」를 이미 썼고, 「문어」는 농성하는 얘기고 「대게」는 노조를 조직하려다 마는 얘기이다. 노동하고 관련 있는 얘기를 썼고, 이어서 「상어」를 쓰려고 한다.

이용기: 「상어」는 어떤 내용인가?

정보라: 불법으로 돔베기(상어고기)를 만드는 사람들을 추적하는 그런 얘기이다. 저희 어머님이 얼마 전에 전동 스쿠터를 사셨다. 그래서 어머님이 전동 스쿠터를 타고 사기꾼을 쫓아가는 추격전을 벌일 거다. 어머니 운전을 되게 잘하신다. 그리고 재작년에 팬데믹 직전에 쓴 소설이 진통제에 대한 소설이었다. 그때는 통증에 대해서 얘기를 써 보고 싶었다. 근데 그 직후에 팬데믹이 되면서 그 고통의 종류가 무한히 늘어나서 기침이 계속 나오는 것도 고통이고, 숨을 못 쉬는 것도 고통이고, 진통제로는 어떻게 해결이 안 되는 고통의 종류가 너무 많아져 수정을 해야 될 것 같은데 생각만 하고 수정을 못 하고 있다. 지금 당장은 그렇다. 앞으로도 계속 쓰지 않을까?

이용기: 「안녕 내 사랑」 그 소설을 보면 끝에 로봇이 1호의 감정을 다운로드해 그 감정을 가지고 있다. 그 상태에서 주인에 대응하는데 '로봇과 인간 간의 감정 교류가 앞으로 가능할 수 있다'고 생각을 하고 썼나?

정보라: 아니다. 그 반대의 얘기였다. 사람은 뭐든지 사람 중심으로 생각한다. 자기가 사람이기 때문에 뭐든지 인간 중심으로 생각하고, 반려동물들 보면 고양이나 개한테서 인간과의 유사점을 발견하고, 이렇게 아이 같다고 느끼기 때문에 두

세 살짜리 아이와 지능이 같다고 생각하며 대한다.

그게 잘못됐다는 게 아니고 사람이니까, 다른 종이나 다른 존재를 사람처럼 생각하고 싶어 하는 성향이 있다. 기계는 사람이 아니다. 기계는 생물조차 아니어서 그게 뭘 생각하고 뭘 느끼는지 사람으로서는 전혀 이해할 수 없을 거다. 그러니까 로봇 공학을 하시는 분들도 그 속을, 소프트웨어와 하드웨어를 전부 이해하고 있더라도 본인이 로봇이 아니기 때문에 인간은 기계를 이해할 수 없다. 인간이 인간을 이해하듯이 그렇게 이해할 수 없을 거다. 그러니까 로봇이 나한테 어떤 감정을 느낀다고 해도 그건 로봇의 감정이지 인간의 감정이 아닐 것이기 때문에 어떤 식으로 작동하는지 사람은 알 수 없을 거라고 생각한다.

이용기: 어떻게 소수자에 대한 관심을 가지게 되었나?

정보라: 엘리트주의에 잘 적응을 못 해서 항상 그 안에서 겉돌고 있었다. 혹은 '나는 가짜고 쟤네들이 진짜다.' 이런 생각을 좀 많이 했었기 때문에 그런 느낌이 항상 있었다고 생각한다. 외국에 나가 있을 때도 거의 다 백인들의 나라를 돌아다녔기 때문에 그게 제 이력상으로 보면 되게 화려해 보이는데 제가 그 안에서 적응을 잘했거나, 그 안에서 그 공동체의 일원이라고 느꼈거나 그런 적은 별로 없었다.

이용기: 초·중·고등학교나 어릴 때 성장 배경하고 관계가 있나?

정보라: 그것은 잘 모르겠다. 저는 굉장히 유복한 집에서 엘리트주의 부모님한테서 자라서 제가 왜 그 정반대 성향을 가지게 됐는지 잘 모르겠다.

데모를 하게 된 계기는 세월호 때문이었다. 그전에 시작은 철도 민영화 반대 시위할 때 그때 처음 나갔다. 그때도 강의를 하고 있었는데 북한과 러시아 사이에 있는 한반도 종단 철도하고 시베리아 횡단 철도를 연결하는 지점을 잇게 하는 사업을 2000년부터 시작해서 2013년에 완공이 됐다. 거의 10년 넘게 걸린 정말 장대한 사업이었는데, 한국이 발주하긴 했지만, 거기에 공사를 한 주체가 러시아였다. 그랬는데 철도 민영화를 한다고 하고, 만약에 러시아가 기관 시설의 지분을 사거나 구간을 사거나 해서 소유권을 가지게 된다면 혹은 러시아가 어떤 식으로든 끼어들 수 있게 되지 않나. 통일이 돼서 계획대로 진행이 되면 수익도 수익인데 부산이 아시아 전체의 물류 중심이 된다. 그러면 한반도가 지정학적으로 굉장히 중요해지고, 국가의 위상이 엄청 높아진다. 수업 시간에 러시아 문화와 시베리아 철도 얘기를 하면서, 민영화를 해서 나라(러시아)가 국가 기간 시설에 지분을 사거나 구간을 사거나 어떤 식으로든 그 권리를 주장할 수 있게 될 수 있는 미래가 눈앞에 있는데 수업 시간에 입으로만 떠들 수는 없더라. 그래서 나갔다. 그랬다가 세월호 농성장에서 방학 동안에 거의 한 달 반 살았고. 그때는 뭐 민주노총 다 오셨으니까. 그리고 막 온 세상 사람이 다 와서 서명해 주셨다.

전국장애인차별철폐연대(전장연)에서 장애등급제 부양의무제 폐지하라고 2012년부터 광화문 지하에서 농성하고 계셨다. 그분들은 농성장이 다 차려져 있었는데, 세월호 부모님들은 그냥 돌바닥에 땅바닥에 그냥 앉아 계셨다. 그러니까 막 탈진하시고 그러면 그 아래로 모셔다가 전장연 농성장 침대 같은 거에 누워 있게 해 주시고, 우리 서명 물품 다 맡아 주시고 피켓도 다 맡아 주시고. 쓰레기봉투도 훔쳐서 쓰고 그랬다. 그분들이 2017년에 나가실 때까지, 그때 보건복지부 차관인가 와서 등급제, 부양의무제 폐지하겠다고 거짓말해서 농성 끝날 때까지 3년 정도를 그렇게 신세를 졌다. 제 인생에서 평생 가장 괴로웠다. 그만큼 받았으면 갚는 게 있어야지. 그리고 그렇게 잘 싸우시는 분들은 본 적이 없다. 진짜 멋있다. 그래서 따라다녔다. 너무 좋았다.

그리고 행동하는 성소수자인권연대, 조각보, 성소수자 단체도 우리 문화제는 다 오셨다. 그러면 또 우리도 가야지. 그러니까 거기서 다 만나서 같이 여기저기 다녔다. 맨날 여기 가면 아는 사람 있고, 저기 가면 아는 사람 있고, 그래서 찾아가고. 딱히 뭐 소수자에 대한 관심 이런 거창한 것이 아니다. 그때 받은 거는 아마 평생 못 잊을 거다.

이용기: 포항에 오려고 결심하는 과정에서 고민은 없었나?

정보라: 고민이 많이 있었다. 그때는 강의를 계속할 생각이었으니까 학교가 제일 큰 고민이었다. 팬데믹이 언제 끝날지 몰랐고 백신만 나오면 끝난다, 단순하게 생각했으니까. 포항에 있다가 서울에 계속 와서 수업을 해야 되면 어떡하나 그런 걱정도 있었고. 학교에서 송도 캠퍼스를 만들었으니까 만약에 송도에서 수업을 해야 되면 포항에서 송도는 정말 무린데 이를 어쩌면 좋나. 그런 쓸데없는 고민을 했는데 학교를 그만뒀더니 그 고민이 다 해결됐다.

이용기: 포항에서 문화적 차이나 이런 것으로 어려움은 없는가?

정보라: 포항에서는 집 밖에 잘 안 나가서.

이용기: 포항여성회, 장애인차별철폐연대 활동 이야기를 들었다.

정보라: 딱 한 번 했는데 내가 뭐 대단한 거 한 것처럼 알려졌나 보다. 포항시가 장애인 활동 지원 24시간 해주지 않는 문제, 포항시에 일정 기간 이상 거주해야 자격을 준다고. 일상생활을 영위할 자격을 시청에서 주겠다는 게 얼마나 오만한 생각인지 잘 모르시는 것 같다. 시청 앞에 두 분이 와서 계속 피켓시위를 하고 계시기에 제가 언제나 그렇듯이 동지들한테는 음료수를 사서 갔는데, 진짜 비장애인은 아무짝에도 쓸모가 없더라. 그분들이 컵을 손으로 잡고 드실 수 없다

는 거를 몰랐던 거다. 지금도 너무 창피하고 부끄럽다. 제가 얼마나 시혜적으로 보였겠나. 마실 수 없는 음식을 주면서 동정하는 것처럼 보였을 거 아닌가. 그래서 너무너무 죄송하다.

비장애인을 교육하면 비장애인도 할 수 있다. 제가 장애여성공감에서 3주 동안 교육받으면서 얻은 교훈이었다. 학생 중에 장애인들이 있었기 때문에 교육받으려고 간 거였는데, 거기에서 교육받으신 분들이 3주 동안 100시간 듣고 나더니 어딜 가나 눈에 불을 켜고 경사로를 찾으시더라. 나중에 동부지방법원하고 해바라기 센터에 갔는데, 해바라기센터 복도 왜 이렇게 좁냐고 여기 휠체어 들어올 수 있냐! 이러면서 복도 폭을 재고. 그리고 동부지법에 갔는데 왜 판사석 올라가는 단에 경사로 없냐고 장애인은 판사 되지 말라는 거냐고(웃음). 비장애인도 할 수 있다. 어떻게 해야 쓸모 있는 비장애인이 될 수 있는가를 배우고 싶다.

이용기: 포항이 따뜻한가?

정보라: 해는 따뜻한데, 바람이 많이 분다. 아파트가 10층인데. 예전에 27층 살았을 때도 바람 소리가 그렇게 무섭진 않았는데, 여름에 태풍 불 때나 그랬지. 근데 포항은 상시 그런 태풍 불 때 바람 소리가 계속 들리더라.

이용기: 집에서 소설을 쓰는가, 아니면 어디 가서 하는가?

정보라: 그냥 집에 있다.

이용기: 소설책을 6권인가 냈나?

정보라: 단편집이. 옛날에 냈던 두 권은 절판됐다. 그다음에 두 권 더 나왔고. 그리고 장편을 세 개 썼으니까, 그러니까 지금 현재 구할 수 있는 건 5개다. 쓴 걸로만 치면은 단편집 4개 장편 3개 이렇게.

이용기: 이제 책이 많이 나오겠다.

정보라: 출판사 사장님이 아주 기뻐하셨다. 생전 처음 1만 권 주문 해 보셨다며.

　　　　보통 소설 1000권에서 1500권 정도 찍는다. 롱 리스트 3월 초에 발표하고 나서 지금까지 팔린 책이 지난 5년 동안 판 책보다 많다고…. 그래서 이게 기뻐해야 되는 건지 슬퍼해 야 되는 건지. 좀 슬픈 것 같다.

이용기: 청소년들이 읽을 만한 책을 쓸 생각은 없는가?

정보라: 전혀 없다. 저는 섹스, 폭력 없으면 책을 못 쓰기 때문이다. 그렇다고 억지로 어린이 청소년 책을 안 쓰는 것은 아니고 단편을 두 개 쓰기는 했다. 하나는 재작년에 광주민주화항 쟁 40주년 기념 단편집을 내고 싶다고 출판사에서 제의해 서 「행진」이라는 단편으로 참여를 했다.

　　　　그리고 자동차가 주인공인 소설을 썼다. 그거는 일단 섹스 는 없고, 자동차가 주인공이기 때문에. 굉장히 폭력적이지만 나오는 인물이 사람이 하나도 없고, 다 기계이기 때문에 웬만큼 폭력적이어도 되겠지. 로봇이 주인공이면 그게 좋더라, 그냥 부숴도 되더라. 그래서 마음껏 부수고 그런 소설을 썼다.

이용기: (이름표에) '비정규교수노조' 라고 적혀 있는데 노조 활동은 언제부터 시작했는가?

정보라: 세월호 농성장에서 (비정규교수노조) 노조원들이 오셨기 때문에. 그래서 검색을 해 봤더니 나도 노조가 있었구나, 알게 됐다. 그래서 가입을 했다. 2015년에 가입했는데 가입하고 나서 한 반년 정도 동안은 아무도 저에게 연락을 하지 않아서 조합비만 내고 아무것도 하지 않고 있다가, 서울대 음대에서 강사 선생님들 대량 해고 사태 나고, 그게 2015년 말이었다. 2016년 초에 학내 집회하고, 강의 끝나면 서울대 가서 같이 집회하면서 좀 활동다운 활동을 하게 됐다.

이용기: 긴 시간 동안 소설 이야기 그리고 그만큼 흥미로운 삶과 고민 이야기를 들려주셔서 너무 감사하다. 앞으로도 데모의 현장에서, 또 현실을 꿰뚫어 사회를 고발하는 소설로 자주 만났으면 한다. 좋은 소식이 있길 응원한다.

법외노조 판결 뒤에 숨은 사람들

전교조 법외노조 취소 판결과 노동부의 전교조에 대한 '법외노조 통보를 취소함' 공문을 받으며

9월 3일 대법원은 '전교조에 대한 법외노조 조치가 위법하다.' 는 판결을 내렸다. 법외노조 통보의 근거가 된 노조법 시행령 9조 2 항이 헌법상 '법률유보의 원칙'에 반한다고 보았다. 따라서 '법률 에서 위임하지 않은 시행령에 따라 행해진 법외노조 통보는 무효 이다.' 라며 고등법원으로 이 사건을 파기 환송하였다.

이로써 7년간 끌어오던 전교조 법외노조 문제는 일단락되었다. 전교조의 주장과 투쟁이 옳았음을, 나아가 노동조합의 자주성을 확인한 것이다. 대법원 판결로 전교조는 법외노조라는 멍에를 벗 게 되었고 해고자들은 그리운 학교로 돌아가 학생들과 부대끼며 살아가는 교사로서의 정체성을 되찾게 되었다. 그런데도 대법원의 판결을 지켜본 전교조 조합원들과 해고자들의 착잡한 심경은 무엇 에 기인한 것일까?

그동안 전교조는 시행령의 법률적 근거가 없음을 꾸준히 주장했다. 하급심 법원과 헌법재판소 심리에서 다루지 않았던 것에 비해 이번 판결문은 그 부분에 대해 너무나 명쾌하여 허탈감을 넘어선 분노가 일어난다. 박근혜 정권의 국정 농단과 양승태 대법원의 사법 거래로 전교조 법외노조는 재판 거래의 대상이 되었고 그 피해는 오롯이 전교조의 몫이었다. 그리고 문재인 정부로 정권이 바뀌었다. 부패하고 무능한 정권과 사법부가 어떻게 국정과 사법 정의를 농단하였는지 밝혀지고 그들은 처벌을 받았다. 그러나 전교조 법외노조 상태는 계속되었다.

전교조 소통방에는 매일 아침 충북의 한 조합원이 4가지 항목에 대해 날짜를 헤아려 올리고 있다. 대법원 판결일인 9월 3일은 전교조 '노조 아님' 통보 2,506일째, 박근혜 정권 전교조 법외노조 588일, 문재인 정권 전교조 법외노조 1,212일째, 해직교사 해직 기간 1,688일이다. 매일 올라오는 날짜의 합계는 전교조 조합원들에게 결의를 다잡는 구실을 하고 있다.

그런데 참 가슴을 아리게 한 것은 박근혜 정권의 법외노조 기간은 588일로 멈춰 있는데 문재인 정권의 법외노조 일수는 박근혜 정권의 두 배를 훌쩍 넘었다. 문재인 대통령의 후보 시절 공언과 정권 초기 조속한 시일 내 해결이라는 약속을 미루던 청와대에 대해 실망을 넘어 분노하는 이유이다.

2016년 말 국정 농단에 대한 분노와 새로운 사회에 대한 갈망이 촛불 혁명으로 타올랐고 그 속에서 문재인 정권은 '촛불 정부' 임을 자처하며 들어섰다. 그러나 이후 현 정권의 이해와 일반 시민, 특히 노동자의 이해는 간극이 크다는 것을 확인할 수밖에 없었다. 대학 입시에서 자신의 대선공약을 거스르면서까지 수능을 강화하는 반 개혁적 방향으로 가는 것을 비롯해 정권 창출에 유리한 방향만을 선택하는 중도보수 정권임을 보여주었다. 개혁의 과제는 정치적 어려움이 생기지 않는 차원까지이고 특히 경제, 노동의 문제는 자본의 입장을 철저히 대변하는 정책을 펼치고 있기 때문이다.

문재인 정권이 정치적 계산을 하는 사이 전교조는 법외노조 7년의 세월을 감내해야 했다. 그동안 대학입시-대학 서열 폐지, 학급당 학생 수 감축, 국가교육위원회 설치, 무상교육 확대 등 교육혁명의

9월 2일 법외노조취소 해고자원직 복직 마지막 선전전 모습. 사진 출처: 전교조 홈페이지

과제는 공론화도 현장 실천도 지연되었다. 이에 대해 대통령은 어떻게 책임을 질 것인지 묻고 싶다. 대법 판결 이후 고용노동부와 교육부는 보도자료를 통해 대법 판결에 따른 행정조치를 하겠다고 발표하였다. 발 빠른 후속 조치를 기대하지만 절대 생색은 내지 말기 바란다.

전교조 법외노조 취소 판결과 노동부의 전교조에 대한 '법외노조 통보를 취소함' 공문으로 전교조는 합법성을 쟁취하였다. 그러나 ILO와 OECD에서 권고하는 단체행동권과 정치 활동의 자유는 여전히 국민의 기본권으로 인식하기보다 교사·공무원의 정치 중립이라는 프레임에 던져 놓고 또 국민을 핑계로 뒤에 숨어 있다. 여당은 야당 시절 정치 활동의 자유와 단체행동권 일부를 인정하는 교원노조법 개정에 대해 발의해 놓고도 전혀 손을 쓰지 않는 모습을 보였다. 교사·공무원의 정치 활동, 노동3권에 대해 부정적으로 인식하고서 '법안 발의만 해 주는' 행태를 반복하고 있는 것이 아닌지 의문이다.

아직도 대법원 판결에 대한 흥분이 남아 있다. 여전히 갈 길은 멀다는 것도 알고 있다. 3년 반 동안 대법원 뒤에 숨어서 행정부가 할 수 있고 대통령이 약속한 교사의 노동기본권 보장을 방치한 문재인 대통령은 전교조와 국민에게 사과해야 한다. 또한, 국가폭력에 의해 7년의 세월을 고통당한 전교조와 해직교사 34명의 고통에 대해 원상회복 조치가 이루어져야 한다. 대법원 또한 사법 농단으로

7년의 고통을 당하고, 특히 대법 판결의 지연된 정의로 인해 고통을 당한 전교조에 대해 사과해야 한다.

이번 대법원의 판결은 국민의 기본권에 대한 분명한 판단이었다. 기본권 쟁취를 위한 요구를 국가나 보수단체에서 아직도 경직된 시각으로 보는 경우가 많이 있다. 이런 것을 여론으로 포장하여 국민의 기본권 보장을 유보하려는 행태를 멈추고 국민의 헌법적 기본권은 적극적으로 보장하는 문화를 만들어야 한다. 국민이 기본권 확대에 대해 모두의 과제라는 공감을 바탕으로 개입해 들어갈 수 있도록 정책 참여가 필요하다.

대법원 뒤에 숨어 정치적 부담을 지지 않은 세력은 그 열매도 탐하지 말아야 한다.

오늘 전교조 법외노조 취소 투쟁 승리의 벅찬 가슴을 기억하며 교육노동자의 힘으로 교육혁명과 온전한 노동3권 쟁취라는 과제를 다시 제기한다.

쉽지 않은 이 길. 함께 가면 또 길이 된다.